Albert Biesinger

Wo Kinder sind, ist Gott schon da

Überraschungen und Entdeckungen in der Familie

Patmos Verlag

VERLAGSGRUPPE PATMOS

PATMOS
ESCHBACH
GRÜNEWALD
THORBECKE
SCHWABEN
VER SACRUM

Die Verlagsgruppe
mit Sinn für das Leben

Für die Verlagsgruppe Patmos ist Nachhaltigkeit ein wichtiger
Maßstab ihres Handelns. Wir achten daher auf den Einsatz
umweltschonender Ressourcen und Materialien.

Gänzlich überarbeitete und aktualisierte Neuausgabe
des Bandes »Wie Gott in die Familie kommt«

Alle Rechte vorbehalten
© 2020 Patmos Verlag
Verlagsgruppe Patmos in der Schwabenverlag AG, Ostfildern
www.patmos.de

Umschlaggestaltung: Finken & Bumiller
Umschlagfoto: © Iakov Filimonov / shutterstock
Illustrationen: Quilts von © Beate Biesinger
Satz und Repro: Schwabenverlag AG, Ostfildern
Druck: Finidr s.r.o., Český Těšín
Hergestellt in Tschechien
ISBN 978-3-8436-1265-4

Inhalt

Jesus, jetzt darfst du mit mir nach Hause kommen

Mit meiner kleinen Enkelin Lisa gehe ich bei einem Spaziergang an einem nasskalten Märztag auch in die Kirche. Gemeinsam zünden wir am Marienaltar Kerzen an – eine Kerze für die beiden Brüder, eine Kerze für Mama und Papa und eine Kerze für die Omas und die Opas.

Die Marienfigur mit dem Kind auf dem Arm beeindruckt Lisa sehr. Lange schaut sie das Jesuskind an und sagt dann zu ihm: »Jesus, jetzt darfst du zu mir herunterkommen.« Sie macht Handbewegungen, als würde sie ihn herabholen, und setzt das Jesuskind in ihre kleine Hand. Sie schaut mich kurz an, ob das wohl geht, und schiebt Jesus vorsichtig in ihre Hosentasche.

Auf dem Heimweg hält sie die Hand darüber, damit Jesus nicht herausfallen kann. Zu Hause geht sie sofort in ihr Zimmer und holt das Jesuskind aus der Hosentasche: »Jesus, jetzt darfst du mit mir in meinem Bett schlafen!« Sie deckt ihn liebevoll zu. Lisa hat es wohl nicht gefallen, dass das Jesuskind halbnackt in der kalten Kirche auf dem Arm seiner Mutter sein muss. Er soll es schön warm haben in ihrem Bett.

Ungefähr vier Wochen später frage ich sie: »Lisa, was ist jetzt mit dem Jesuskind?« Sie zeigt mir, wie Jesus an der Wand schön eingekuschelt in ihrem Bett liegt. »Und seine Mama ist jetzt auch gekommen.«

Einige Zeit später fragt sie mich: »Kann Jesus denn in meinem Bett bei mir zu Hause und auch in der Kirche sein?« Ich erkläre ihr, dass Jesus bei uns wohnen kann und dass er gleichzeitig auch in der Kirche ist.

Wieder einige Zeit später – ich bleibe neugierig: »Jetzt ist er wieder nach Hause gegangen in die Kirche!«, meint Lisa. »Dann besuchen wir ihn bald mal wieder in der Kirche«, sage ich.

Wir können mit Kindern immer wieder in die Kirche gehen, auch wenn kein Gottesdienst ist. Die Kerzen, die wir dort anzünden, beten mit uns zu Gott.

Wo Kinder sind, ist Gott schon da

Gott ist in Ihrer Familie längst da. Von Anfang an. In Ihrem Kind ist er noch einmal in neuer und besonderer Weise bei Ihnen vorbeigekommen und geblieben. Er war auch vorher schon da. Aber jetzt können Sie es noch einmal ganz anders spüren.

Als Eltern haben wir unser Kind ins Leben geholt. Es hat uns zur nächsten Generation gemacht.

Auch wenn wir biologisch ziemlich viel über Zeugung, Schwangerschaft und Geburt wissen – wir wussten nicht, wer und wie dieses unser Kind sein wird. Sein unverwechselbares Gesicht, das wir nach der Geburt zum ersten Mal sehen, seine Stimme ...

Gott kommt in jedem Kind mit einem neuem Antlitz in diese Welt. Und ER hat mit jedem neuen Kind einen Plan für Seine Menschheit. Wie Sie dies entdecken und gemeinsam als Familie mit Ihrem Kind feiern, in Ritualen erleben und gestalten, ist eine große Gabe, aber auch eine reizvolle Aufgabe.

Meditieren Sie Ihr Kind

Meditieren Sie Ihr Kind, wenn es friedlich schläft. Meditieren Sie Ihr Kind, wenn es Sie anlächelt oder mit Ihnen schmusen will.

Meditieren Sie Ihr Kind aber auch, wenn es sich in so manchen herausfordernden Situationen wehrt, sich trotzig durchsetzt oder herumschreit: »Du bist aber ein ganz blöder Papa!«

All das und noch viel mehr gehört zu diesem großen Geheimnis Ihres Kindes. Ihr erstes Kind hat Sie zur Mutter und zum Vater gemacht. Vorher waren Sie ein Mann und eine Frau – ein Paar, aber Sie waren nicht Eltern und nicht eine eigene Familie.

Für mich als Vater unvergesslich bleiben jene Augenblicke im Kreißsaal der Universitätsklinik in Freiburg, als ich zum ersten Mal die Gesichter unserer eben geborenen Söhne David, Manuel und Benjamin sehen konnte. Jeder war auf seine Weise schon da eine Botschaft. Ich war gerührt, es hat mir Tränen in die Augen gedrückt.

Unvergesslich bleibt mir auch die Situation, als wir unsere Tochter Ingrid als damals zwölf Monate altes Pflegekind auf dem Arm ihrer leiblichen Mutter zum ersten Mal sahen. Ein großes Geheimnis, wie es aus einer höchst schwierigen Lage heraus zu einer solchen Zukunft kam, wir sie später adoptieren konnten und sie heute glückliche Mutter von zwei Kindern ist.

Wenn Sie Gott in Ihrer Familie sehen wollen, schauen Sie Ihrem Kind in die Augen. Ihr Kind ist Gottesberührung pur. Letztlich ist Gott der Schöpfer Ihres Kindes – Gott hat Sie persönlich schon längst in Ihrem Kind berührt. Natürlich haben Sie Ihr Kind biologisch gezeugt. Aber hinter Ihrem Kind steckt ein großes Geheimnis. Wir Eltern wissen vor der Geburt nicht, wie das Kind aussehen wird, welche genetische Kombination es in sich trägt. Und wir wissen auch nicht, welche Bedeutung unser Kind für viele, viele andere Menschen haben wird.

Dieses Buch lädt Sie ein

Es ist praxisgesättigt und alltagstauglich aus den Erfahrungen unserer eigenen Familie mit vier Kindern und inzwischen vielen Enkelkindern. Sie waren und sind unsere »Engel am Wege«, die uns erschlossen haben, wie die Nähe Gottes spürbar wird.

Jedes Kapitel dieses Buches beginnt mit einem Bild von Beate Biesinger, meiner Frau. Patchworkkunst ist bunt und vielfältig wie das Leben und zugleich eine Einladung zu Farben und Formen. Sie gibt den Ideen dieses Buches einen anderen Ausdruck und Zugang, als Texte es jemals könnten. Gott in Farben sehen – dies ist für mich ein spezieller Weg der Gottesberührung. Die Bibel steckt voller Farben. Gott erscheint am Sinai in den Flammen des Feuers. Der Regenbogen wird zum Zeichen für die Treue Gottes zu seinem Bund, den er mit den Menschen geschlossen hat. Gerade die Bibel beschreibt dies nicht nur in Worten und Texten. Sie motiviert uns, die Gottesberührung in den Farben des Regenbogens zu verstehen.

Von Gerhard Braun, meinem Schwiegervater, der über Jahrzehnte als Professor für Grafikdesign an der Universität der Künste in Berlin tätig war, habe ich viele Impulse bekommen für den Dialog zwischen Theologie und Kunst.[1] Dass meine Frau Beate diese Kompetenz ihres Vaters und viele seiner Anregungen aufgreifen konnte und als ihre eigene Botschaft erschließt, ist für mich Grund zu großer Dankbarkeit. So kann dieses Buch Sie nicht nur mit Texten, sondern auch mit Bildern auf Ihrem Weg der Gottesberührung in Ihrer Familie begleiten.

Ich widme dieses Buch meiner Frau Beate, unseren Kindern David, Manuel, Benjamin und Ingrid und ihren Familien, besonders unseren Enkelkindern Joshua, Josef, Lisa, Chiara, Jonas, Noah, Jacob, Loïc und Simon.

Und ich widme dieses Buch auch Ihnen, den Leserinnen und Lesern, und Ihren Familien auf Ihrem eigenen kreativen Weg, Gott in Ihre Familien einzuladen, gerade auch, weil er ja schon längst da ist.

Sommer 2020
Albert Biesinger

1. Wie Sie sich mit Ihren Kindern von Gott erneut berühren lassen können

Ich lade Sie ein, in Ihre eigene Kindheit einzutauchen und Ihre ersten Berührungen mit Gott aufzuspüren. Dabei begleite ich Sie, gebe Ihnen aber keine Anweisungen, was Sie tun sollen; ich spreche auf dieser Erinnerungsreise mit mir und von mir selbst.

Wenn Sie wollen, können Sie sich darauf einlassen und sich auf diese Weise selbst in Ihre eigene religiöse Kindheit zurückführen. Es kann hilfreich sein, wenn Sie dabei die Augen schließen, sich bequem hinsetzen, mehrmals tief aus- und einatmen und die Bilder, Situationen, Personen und Gefühle dann langsam in Ihnen aufsteigen lassen:

HELL GEGEN DUNKEL

Ich bin mittendrin in Dunkel und Hell.
Leben ist nicht nur Licht und Freude. Es gibt immer wieder auch eine Nuss zu knacken.
Entrinnen ist möglich: Selbst in der tiefsten Dunkelheit ist Licht.
Und in der Mitte der lichtvolle Sog von unten nach oben – von oben nach unten –, der alles zusammenhält.
Leben pur, das im Licht anders wird und ihm Bedeutung gibt.
Erdbraun – geerdet die Dunkelheit – geerdet auch das Licht.
Willkommen nicht nur auf dem Heimatplaneten.

- Ich gehe jetzt zurück in meine eigene Kindheit.
- Ich bin jetzt 20 Jahre alt; ich lasse die Bilder aufsteigen.
- Jetzt bin ich 15 ...
- Jetzt bin ich zehn ...
- Jetzt bin ich am Beginn der Grundschule ...
- Jetzt bin ich in meiner Kindergartenzeit ...
- Ich versuche, möglichst so weit zurückzugehen, wie ich mich locker erinnern kann, und lasse die Bilder aus meiner frühen Kindheit aufsteigen.
- Meine ersten Bilder und Berührungen mit Gott ...
- Ich rufe Bilder meiner ersten Berührungen mit Gott hervor. Wer war dabei ...? Welche Gefühle habe ich dabei ...?
- In der Kirche, mit meiner Oma, mit meinen Eltern ... Die Gesänge, der Weihrauch, die Stille, die läutenden Glocken ...
- Gebete manchmal am Abend mit meinem Vater ...
- Der Nikolaus ist gekommen ...
- Das Krippenspiel im Kindergarten ...
- Der Heilige Abend bei uns in der Familie ... Ich sehe das Jesuskind in unserer Familienkrippe, Maria und Josef ...
- Die brennenden Kerzen am Tannenbaum, der Baum geschmückt mit Sternen ...
- Die eingepackten Geschenke auf dem Boden ...
- Das gute Essen ...
- Unsere Augen leuchten, und auch die unserer Eltern ...

- Ich komme in die Grundschule ...
- Der Religionsunterricht ...
- Wir hören Geschichten aus der Bibel, zum Teil abenteuerliche Geschichten: die Arche Noah, David und Goliat, Jesus wird in Betlehem geboren, Jesus nimmt die Kinder auf seine Arme und segnet sie, Jesus stirbt am Kreuz, Jesus wird auferweckt: ungeheuerliche Geschichten.

- Ich gehe zur Erstkommunion ... Wer war dabei? Wer hat mich vorbereitet?
- Ich hole die Gesichter der Menschen hervor, die mir auf meinem Weg zur Erstkommunion wichtig waren ...
- Mein Erstkommuniontag ...
- Wie ich strahle, als wir mit Kreuz und Fahne in die Kirche einziehen ... Aufgeregt und konzentriert ...
- Die überfüllte Kirche ...
- Wir haben die Erstkommunionkerze angezündet ...
- Ich gehe nach vorn und bekomme das gewandelte Brot.
- Jesus berührt mich geradezu körperlich. Ich spreche mit ihm ganz allein und bete zu ihm für meine Verwandten und Freunde und für die damals schon kranke Oma ...
- Es war ein Tag voller Glück. Ein Festessen, wie es selten eines gab, die Geschenke, die Verwandten. So wichtig und so im Mittelpunkt war ich nie mehr in meiner ganzen Kindheit. Am Abend die

Andacht, wir tauschen uns über unsere Geschenke aus …

- Müde, aber glücklich falle ich in den Schlaf … Die nächsten Wochen … Ich gehöre jetzt ganz dazu …
- Der Schulalltag geht wie gewohnt weiter …

- Ich komme in die Pubertät, beginne zu zweifeln.
- Vieles von dem, was sie mir gesagt hatten, stimmte ja gar nicht. Das Christkind kommt nicht durch den Kamin, der Nikolaus nicht aus dem Wald.
- Auch mein Glaube ist in die Pubertät gekommen, er hat sich gehäutet.
- Ich habe mich durchgezweifelt und als Erwachsener anders zu Gott gefunden. Heute bin ich dankbar, durch so manche Gotteskrise gekommen zu sein. Mein Zugang ist bis heute geblieben: Gott entgegenzweifeln.[2]

- Ein großer Schritt …
- Die große Liebe … Wir bekommen ein Kind … Lassen es taufen, begleiten es in die Kirche hinein. Und jetzt geht mein Kind zur Erstkommunion …
- Meine eigene Erfahrung mit Erstkommunion kreuzt sich jetzt mit der meines Kindes heute. Bewusst gehen wir als Familie gemeinsam den Kommunionweg …
- Die Berührung mit Gott geht weiter, in hellen wie in dunklen Tagen …

Wenn Sie mögen, können Sie bei dieser Übung Ihr Kind mental segnen: »Der Herr segne dich und behüte dich. Er lasse sein Angesicht über dir leuchten und gebe dir Kraft für dein junges Leben.«

Ich kenne genug Eltern, die keine so positiven Erfahrungen mit der eigenen Gottesberührung und der eigenen religiösen Bildung gemacht haben. So kann ich es gut nachvollziehen, wenn Eltern etwa Folgendes äußern: »So, wie ich religiöse Bildung erlebt habe, will ich manches mit meinen Kindern auf gar keinen Fall umsetzen. Aber ich möchte meine Kinder auch nicht ›um Gott betrügen‹. Sie sollen nicht darunter leiden müssen, dass ich als ihr Vater oder ihre Mutter schlechte Erfahrungen damit gemacht habe. Ich werde einen eigenen, positiveren Weg suchen. Nur – wie soll es gehen?«

Einerseits merken manche Eltern: So ganz ohne Gott kann es auch nicht gehen; *wie* es aber gehen soll, wissen sie oft nicht. In den nächsten Kapiteln soll deutlich werden, wie es konkret gehen kann.

Gott berührt uns ein ganzes Leben lang. Jeden Tag bin ich in Berührung mit Gott – ich muss es nur merken. Da ich ja schon von Gott umfasst bin, kann ich meine eigene Gottesberührung auch mit meinen Kindern austauschen und konkret realisieren, wie Gott uns in unserer Familie berührt. Und wie diese Gottesberührung bedeutsam und heilsam ist für unser Leben und für das Gelingen unserer Familie.

2. Wie Sie Gottesberührungen in Ihrer Familie Raum geben können

»Warum kommt man überhaupt auf die Welt, wenn man eh wieder sterben muss ...?« So unser damals 13-jähriger Benjamin. Die Frage nach dem Warum unseres Lebens zu beantworten, ist – wenn es wirklich um Bildung und humane Existenz gehen soll – elementar wichtig. Bildung ist mehr als das, was PISA-Studien abprüfen können. Aus welchem Geist, welchem »Spirit« ich mein Leben lebe, welche Spiritualität mich prägt, hat für mein Handeln und auch für die Familie Folgen. In meinem Leben muss ich

KOMMUNIKATION

Eigenwillig – ich bringe die Tupfen meiner biografischen Färbung mit – ich bin anders als du.
Ich bringe mich selbst mit, stelle mich dort auf, wo ich hingehören will, lasse mich nicht zuordnen und wähle Nähe und Distanz, wie es für mich richtig ist.
Ich komme dazu, bin neu hier, will mich einfädeln – nähere mich vorsichtig, bleibe erst mal auf Distanz.
Ob sie mich akzeptieren? Ich sehe ja ganz anders aus – weiß.
Dialog hat einen Rahmen – hat schon längst stattgefunden unter vielen. Sie haben auch ihre eigene Färbung eingebracht und ganze Farbstränge hinterlassen.
Der Rahmen ist offen. Man kann sich zu diesen Voraus-Dialogen entsprechend verhalten – hineingehen und herausgehen.

immer wieder zwischen Geist und Ungeist zu unterscheiden lernen. Wenn ich mich auf den Spirit Gottes einlasse, wird sich mein Leben anders gestalten, als wenn ich mich nur der Banalität und Oberflächlichkeit des Alltags verschreibe.

Weil Gott unser Schöpfer ist, tragen wir als seine Geschöpfe einen göttlichen Funken in uns. Er hat uns etwas von sich selbst mit in unser Leben in dieser materiellen Welt mit all ihren Gefährdungen, Leidsituationen und Zusammenbrüchen, aber auch mit ihren Hoffnungen, ihrem Glück und ihren Visionen gegeben. Wir sind nicht »ins Weltall geworfen«, sondern Gottes Ebenbild. Als Mann und Frau schuf er sie, als sein Ebenbild schuf er sie, sagt die Bibel (Genesis 1,27). Die Durchlässigkeit zur Herkunft unserer Herkunft schenkt uns die beglückende Erfahrung, nicht von Gott abgespalten, getrennt und alleingelassen die uns hier gegebenen Jahrzehnte auf dieser relativ kleinen und gefährdeten Erdkugel leben zu müssen. Wir sind umhüllt von der Gottes-Energie, die in uns und im gesamten Universum präsent ist.

Die Grundentscheidung ist: Gott existiert – oder existiert nicht. Ich entscheide mich aufgrund der großen Zusagen des christlichen Weges für die Beziehung mit Gott, nicht für das Reich des Bösen und der Destruktion. Ich will im »Reich Gottes«, in seinem »Be-Reich« leben mit meiner Gottesbeziehung als meiner ureigenen Lebenspraxis. In einer solchen Verheißung lebt es sich anders – auch angesichts der manchmal unvorstellbaren Grenzen und Abgründe unseres Lebens. Gottes Spiritualität ist nicht nur eine »Schönwetter-Botschaft«; vielmehr gilt sie auch, wenn es dunkel wird in unserem Leben.

Gottes Spiritualität trägt auch ...

- ◆ ... wenn Menschen ihrem sechs Wochen alten Sohn auf der Intensivstation des Klinikums vor seinem bald bevorstehenden Tod im Klinikgarten noch einmal die Erde und den Himmel zeigen. Das Kind ist an medizinische Geräte angeschlossen. Ein Arzt geht mit. Sie erzählen ihrem Kind von ihrem Leben auf der Erde, wie sie ihm zu Hause schon vor der Geburt sein Zimmer hergerichtet haben. Dass Oma, Opa und seine Schwester schon so lange auf ihn warten. Sie zeigen ihm den »Himmel« und was sie dort für ihr Kind erhoffen.

- ◆ ... wenn die Hebamme die tot geborene Johanna der Mutter im weißen Kleidchen in die Arme legt und dann den Vater bittet, mit den beiden älteren Brüdern des Mädchens in die Klinik zu kommen. In ruhiger Atmosphäre nehmen die beiden vier und sechs Jahre alten Buben ihre tote Schwester auf den Arm, streicheln ihr über die Stirn und machen ihr ein Kreuzzeichen darauf.

- ◆ ... wenn ein Freund im Garten in einer großen Glaslaterne nachts eine Kerze brennen lässt. Er ist Krankenhausseelsorger und spricht mit Sterbenden über Loslassen, Sichanvertrauen, Verzweifeln und Hoffen, über Abschied – manchmal unter

Tränen. Die Angehörigen bedürfen des Trostes, den es manchmal gar nicht mehr gibt. Wenn er nachts heimkommt, vertraut er diese Menschen dem Licht der Kerze an, das in der Dunkelheit schimmernd Konturen von Zukunft erahnen lässt.

◆ ... wenn der erwachsene Enkel Silvester mit den gebrechlichen Großeltern feiert. Wenn er die Zerstreutheit der Oma annimmt, die früher doch eine so starke Frau war.

◆ ... wenn die 18-Jährige nicht bereit ist, in den längst gebuchten Urlaub zu fliegen, ohne ihre an vielen Überlebensschläuchen hängende krebskranke Freundin auf der Intensivstation zu besuchen. Sie lässt sich auf der Station nicht abwimmeln, nähert sich zaghaft dem Bett. Beide wissen sie nicht, ob sie sich möglicherweise zum letzten Mal auf dieser Erde sehen.

◆ ... wenn Sie als Eltern sich und ihre Kinder vor dem Einschlafen Gott anvertrauen – am Ende dieses Tages, so wie er eben war.

◆ ... wenn eine Familie ein behindertes Kind aufnimmt und bis in das Erwachsenenalter hinein mit allen Höhen und Tiefen begleitet.

◆ ... wenn die junge Lehrerin am Morgen auf dem Weg zur Schule ihre Schülerinnen und Schüler auf dem Abenteuer ihres Lebens Gott anvertraut.

◆ ... wenn eine Theologin in Ruanda mit missbrauchten Frauen und Mädchen Therapie-und Bildungskonzepte entwirft und einübt, die ihnen Linderung und Hoffnungsspuren ermöglichen.

- wenn ein Priester in Peru in der Sonntagspredigt heftig dagegen protestiert, dass ein Reicher aus dem Dorf einer jungen Witwe mit kleinen Kindern den Acker abgeerntet hat. Fünf Tage geht dieser Priester dafür ins Gefängnis und weiß nicht, ob er bald in das Zentralgefängnis verlegt wird, wo sie ihn foltern werden.
- ... wenn ein Notfallseelsorger die Eltern der jugendlichen Unfalltoten in langen, tränenreichen Gesprächen begleitet, mit ihnen im Wohnzimmer eine Kerze anzündet, ausharrt und einfach da ist.
- ... wenn Eltern ihr Kind nicht einfach »zur Erstkommunion schicken«, sondern sich mit Texten, Gedichten, Bildern auf die religiösen Fragen und die religiöse Entwicklung ihres Kindes einlassen.
- ... wenn Sie in Ihrer Familie nach friedlichen Lösungen auch in komplizierten Konfliktsituationen suchen.

Unsere eigene Lebenskraft kommt von Gott. Wir können uns geistig mit Gott verbinden und aus der Kraft dieser Beziehung leben. Wenn wir uns Gott öffnen, kommen wir zu anderen Lebensentwürfen und auch zu einer anderen konkreten Gestaltung unseres Alltages. Wenn wir sensibel sind, lässt Gott uns spüren, was wir tun und lassen sollen. Er gibt uns auch Kraft, schwierigen Situationen standzuhalten. Aus der Spiritualität der Gottesbeziehung heraus zu leben, gibt uns tiefen Sinn und Kraft zur Hoffnung, nach vorn zu leben.

3. Wie Sie »Abendoasen« und Entschleunigung in Ihrem Alltag finden

Unser damals sechsjähriger Benjamin fragt vor dem Zubettgehen: »Papa, kommst du noch?« Seine Augen leuchten. Ich lese ihm aus der Bibel vor. Wir sprechen über die Geschichte von König David, schauen die Bilder an. Auch ich komme zur Ruhe; die Anspannung des Universitätsbetriebs fällt von mir ab und ich merke, wie mir dieses Abendritual mit meinem Sohn guttut. Ich lasse den Tag hinter mir und tauche ein in Geborgenheit, Verlangsamung und spirituelle Unterbrechung des Üblichen.

Am Ende mache ich Benjamin ein Kreuz auf die Stirn und segne ihn. Plötzlich setzt er sich in seinem Bett auf, macht mir ein Kreuzzeichen auf die Stirn: »Papa, ich segne dich auch.« Ein bis heute unvergesslicher Augenblick meines Lebens.

Kinder sind »Engel« ihrer Eltern. Kinder führen ihre Eltern durch Spontanität und Querdenken oft wieder zurück an die Quellen der eigenen Religiosität. Sie haben die Gabe, zu fragen, was noch nicht in herkömmlichen Schubladen gezähmt ist.

Welche konkreten Wege sind realisierbar und sinnvoll, um den Alltag für Momente offen zu halten, in denen die Beziehung mit Gott aufscheinen kann?

Gerade für Eltern, die sich auf dem Gebiet der religiösen Erziehung wenig zutrauen, gibt es einige einfache und zugleich wirkungsvolle Möglichkeiten, die von heute auf morgen in einer Familie realisiert werden können:

- Segnen Sie ihr Kind, wenn es morgens aus dem Haus geht. Sie können ihm die Hand auf den Kopf legen: »Gott beschütze dich« oder ein Kreuzzeichen auf die Stirn geben. Kinder mögen das.
- Vor dem Essen ist es eine Geste der Dankbarkeit und emotionaler Kommunikation, wenn wir gemeinsam mit unseren Kindern beten. Dies kann bereits anfangen, wenn unser Kind im Hochstuhl mit am Tisch sitzt. Als Gebet eignet sich etwa: *Jedes Tierlein hat sein Essen, jede Pflanze trinkt von dir; hast auch unser nicht vergessen, lieber Gott, wir danken dir.* Dann reichen wir uns die Hände: »Guten Appetit!«
- Abendrituale haben ein besondere Bedeutung und Wirkung. Es ist leichter als gedacht, gemeinsam mit Kindern einen »Abend-Ritus« zu entwickeln, der zu einer kostbaren Oase werden kann. Vater oder Mutter – wobei gerade auch die Väter auf diesem Gebiet viel an Beziehungsdichte zu ihren Kindern gewinnen, wenn sie sich darauf einlassen – setzt sich an das Bett des Kindes und geht mit dem Kind noch einmal den Tag durch. Sie be-

sprechen möglicherweise offene Konflikte, danken gemeinsam Gott für das, was schön war an diesem Tag. Oder legen Gott das in die Hände, was belastend oder traurig war, etwa wenn jemand in der Familie krank ist oder wenn es andere Sorgen gibt. Man kann den Tag auch in ein Gebet fassen. – Unsere damals fünfjährige Tochter hat nach einem solchen Gespräch einmal spontan gebetet: »*Lieber Gott, heute war es gar nicht schön. Der Moritz hat mich gehaut, dann habe ich ihn auch gehaut. Schlaf gut, lieber Gott.*« Nach diesem Gebet haben Ingrid und ich noch lange über ihren Konflikt mit Moritz gesprochen, der sich dann rasch wieder aufgelöst hat. Mit der Zeit können sich auch andere Gebete entwickeln, die das Kind von selbst lernen möchte. Später hat Ingrid von selbst angefangen, dass »Vaterunser« zu beten, ist dann aber hängengeblieben, weil sie den Text nicht mehr weiterwusste. Sie wollte daraufhin einige Abende nur das »Vaterunser« beten und hat es so schließlich gelernt. – Ein solcher Abend-Ritus ist nicht einfach ein Abendgebet, das »heruntergebetet« wird. Vielmehr münden das gesamte Leben und die Kommunikation des abgelaufenen Tages ein in Versöhnung, innere Ruhe und Geborgenheit, die Kindern am Beginn der Nacht guttun.

♦ Kleine kostbare Oasen mitten am Tag: Kinder gehen gern in Kirchen. Dies ist nicht überraschend, weil sie die Stille und die besondere Atmosphäre der Kirchen oft intensiver aufnehmen als manche Erwachsene. Ich kenne viele Eltern, die mit ihrem Kind unter der Woche mal spontan in die Kirche gehen – vor dem Einkaufen, nach dem Arztbesuch, beim Sonntagsspaziergang –, um dort mit ihnen Figuren anzuschauen, ein kurzes Gebet zu sprechen oder eine Kerze anzuzünden. Kinder lieben es, Kerzen anzuzünden. Dies ist für sie ein urtümliches religiöses Erlebnis, weil sie dafür eine besondere Sensibilität haben. Ein solcher Gang zur Kirche kann auch mit bestimmten Anliegen verbunden sein: Als ich mehrere Wochen mit Studierenden in Lateinamerika unterwegs war, wollte unsere damals sechsjährige Tochter jeden Tag mit meiner Frau in die Kirche gehen, um für mich zu beten. Natürlich war es für sie auch deswegen reizvoll, weil sie ein Licht anzünden konnte. Kerze und Licht sind schließlich ein wichtiges Symbol gegen Angst, Dunkelheit und Unsicherheit.

Die religiöse Begleitung von Kindern sollte alltagstauglich sein. Es geht nicht um zusätzlichen Stress. Gerade in den konkreten Vollzügen des Alltagslebens gibt es genug Möglichkeiten, kurz innezuhalten, Kinder zu segnen, wenn sie am Morgen aus dem Haus gehen, Gott zu danken und die manchmal kräftezehrende Alltagsroutine zu unterbrechen.

Wie es in Ihrer Familie konkret geht, entdecken Sie am besten gemeinsam mit Ihren Kindern selbst. An manchen Tagen geht es einfach nicht, mit einem Abendritual abzuschließen. Dann geht es eben am anderen Tag wieder. Wichtig ist, flexibel und situationsgerecht zu handeln. Allerdings können Segnungen und Abendrituale auch schnell wegbrechen, wenn man sie nicht regelmäßig in den Alltag einzubauen bereit ist. Um diese Grundentscheidung kommen Sie nicht herum. Aber Sie gewinnen damit sehr viel: Geborgenheit mit Ihrem Kind, Psychohygiene im Blick auf Konflikte, innere Ruhe und eine Intensivierung der Kommunikation.

Wir können als Erwachsene unser Leben ganz verschieden deuten. Wer sein Leben in Berührung mit der Kraft Gottes und seinen Verheißungen leben kann, wird sich dieses große Geschenk immer wieder selbst bewusstmachen. Am Abend vor dem Einschlafen den Tag und die Menschen, mit denen wir unterwegs sind, von Gott berühren zu lassen und sich Gott wie einem wärmenden Licht anzuvertrauen, tut spirituell gut und kann einen weiterführenden Horizont öffnen.

4. Wie Sie als Familie den Tagen mehr Leben geben können

Wer auch immer diese beeindruckende Formulierung erfunden hat, sie ist für mich überzeugend: »Man kann dem Leben nicht mehr Tage geben, aber den Tagen mehr Leben.« Unsere Tage sind gezählt – wir können sie nicht ins Unendliche auf dieser Erde hier vermehren. Wir können den Tagen, die uns geschenkt sind, jedoch mehr Leben geben. Aber wie?

Als Eltern haben wir eine beeindruckende, auch religiöse Berufung. Unsere Kinder fragen nicht erst, was sie fragen dürfen. Sie sind religiöse Menschen von innen heraus und bringen uns mit ihren Fragen und Aussagen oft an den Rand unserer Denkvorstellungen. Wenn wir ihnen Raum geben, öffnen wir uns für das, was unsere Wirklichkeit ausmacht und unserem Leben Tiefe gibt:

- »Wo war ich eigentlich, als ich noch nicht da war?«
- »Hört der Himmel nie auf?«
- »Wie geht das, dass ich weiß, dass ich bin?«
- »Gibt es in der Luft noch eine Welt und unter dem Boden, wenn man tiefer gräbt, auch eine Welt?«
- »Glaubt mein Hase, dass Gott aussieht wie ein Hase?«

- »Wer macht die Tage, und wann sind sie alle?«
- »Hast du den lieben Gott eigentlich schon einmal gesehen?«
- »Wenn ich tot bin, bin ich dann noch ganz?«
- »Ich weiß gar nicht, warum es die Welt gibt.«

Mit Kindern gemeinsam Antworten auf ihre und unsere Lebensfragen zu suchen, ist unsere Berufung als Eltern. Denn ihre Fragen sind nicht einfach angelernt oder von außen beigebracht, es sind vielmehr ursprüngliche Themen unseres Menschseins, die Kinder oft beschäftigen. Kinder lassen sich dabei nicht vorschnell abspeisen. Sie treffen mit ihren Fragen auf den Kern der Dinge. Wenn wir uns mit ihnen gemeinsam darauf einlassen, so ist das auch für uns selbst eine große Bereicherung.

Zu Kindern und ihren Fragen sind sehr anregend:

- Albert Biesinger, Helga Kohler-Spiegel: Woher, wohin, was ist der Sinn? Die großen Fragen des Lebens. Kinder fragen – Forscherinnen und Forscher antworten, München 2011.
- Albert Biesinger, Helga Kohler-Spiegel: Gibt es ein Leben nach dem Tod? Kinder fragen – Forscherinnen und Forscher antworten, München 2017.
- Albert Biesinger, Helga Kohler-Spiegel: Was macht Jesus in dem Brot? Wissen rund um Kirche, Glaube, Christentum: Kinder fragen – Forscherinnen und Forscher antworten, München 2013.

- Albert Biesinger, Helga Kohler-Spiegel: Gibt's Gott? Die großen Themen der Religion. Kinder fragen – Forscherinnen und Forscher antworten, München 2007.
- Albert Biesinger, Helga Kohler-Spiegel, Simone Hiller: Warum haben wir sonntags frei? Wissen rund um religiöse Feste. Kinder fragen – Forscherinnen und Forscher antworten, München 2018.
- Albert Biesinger, Helga Kohler-Spiegel, Simone Hiller: Warum dürfen Adam und Eva keine Äpfel essen? Kinderfragen zur Bibel – Forscherinnen und Forscher antworten, München 2014.
- Albert Biesinger, Julia Biesinger: Wenn die Enkelkinder nach Gott fragen. Eine Ermutigung für Großeltern, Stuttgart 2016.
- Rainer Oberthür: Die Seele ist eine Sonne. Was Kinder über Gott und die Welt wissen. München 2006.

Kinder sind nicht auf das Leben und nicht auf das Sterben vorbereitet, wenn ihnen Eltern die Beziehung zu Gott nicht erschließen. Wer seinem Kind die Beziehung zu Gott vorenthält, nimmt ihm etwas Wesentliches weg, beraubt es um wichtige Möglichkeiten, das eigene und das gemeinsame Leben jetzt und über den Tod hinaus zu deuten. Eltern wollen in der Regel für ihre Kinder das Beste. In der heutigen gesellschaftlichen Situation steht Förderung der Kinder von Anfang an ganz im Vordergrund. Für viele Eltern wird es immer wichtiger, ihren Kindern frühzeitig Ballettunterricht, musikalische Früherziehung und mehrere Sportarten zu ermöglichen.

Eltern sehen sich diesbezüglich oft schon unter einem gesellschaftlichen Leistungsdruck: »Gute Eltern tun das einfach für ihre Kinder!«

Umso erstaunlicher ist es, dass es Eltern gibt, die ihren Kindern die Beziehung mit Gott verbauen und sie damit um eine wesentliche Vision für ihr Leben betrügen.

Meine Aufforderung *Kinder nicht um Gott betrügen*[3] will aber nicht zu einer weiteren Verschärfung des sogenannten Leistungsdrucks führen, etwa in dem Sinne: »Ihr seid schlechte Eltern, ihr meint es mit euren Kindern nicht gut, sonst würdet ihr eure Kinder religiös erziehen.« Die Beziehung zu Gott ist nicht Leistung. Die Beziehung zu Gott ist eine Gabe, ein Geschenk. Es geht vielmehr um die Motivation von innen heraus, Kinder an der eigenen Lebensvision mit Gott teilhaben zu lassen und ihnen diese zu erschließen.

Genau besehen, ist »religiöse Erziehung« dafür nicht der richtige Begriff. Bei Erziehung könnte man fragen: Wer zieht hier wen und wohin? Besser ist es, von religiöser »Beziehung« zu sprechen. Denn die Beziehung zu Gott, unserem Schöpfer und Erlöser aus Leid und Tod, ist immer schon da. Wir müssen uns seine Zuwendung nicht verdienen. Gott lässt den Kontakt nicht abreißen. Die Anfrage an uns ist nur, ob wir auf dieses Geschenk eingehen, ob wir uns und unsere Kinder der Geborgenheit in Gott anvertrauen wollen.

Die Gottesbeziehung ist also das größte Geschenk, das Sie Ihrem Kind mit ins Leben geben können: Wir sind bereits umhüllt von der Liebe Gottes – ähnlich wie unsere Erde von einer Atmosphäre des Lebens umhüllt ist, von der Luft, die wir atmen und die uns am Leben erhält. Wer seinem Kind einen solchen Horizont, eine solche Vision für sein Leben eröffnet, braucht sich nicht dafür zu entschuldigen, dass er sein Kind religiös erzieht. Wer sein Kind religiös erzieht, ist nicht von gestern; wer sein Kind religiös erzieht, ist von morgen.

Wer seinem Kind Orientierungsmarken dafür erschließt, dass wir mehr sind als unser Körper, der eines Tages sterben wird, dass uns vielmehr der Horizont über den Tod hinaus als ewiges Leben geschenkt ist, denkt weiter und größer über unser menschliches Leben als diejenigen, die ihrem Kind dies verwehren.

Vor Jahren musste ich mit vielen jungen Eltern noch über Gottesbilder sprechen, die Gott als einen strengen Richtergott, einen Buchhaltergott, einen Gesetzes- und Leistungsgott gesehen haben. Die Dimension der umfassenden Liebe und Barmherzigkeit Gottes war verdunkelt. Darunter haben manche in ihrer eigenen Kindheit und Jugend gelitten und fühlen sich gehindert, heute ihre eigenen Kinder religiös zu begleiten.

Bei vielen jungen Eltern hat sich inzwischen die Ausgangslage geändert. Sie müssen sich nicht mehr von Angst machenden Gottesbildern ihrer eigenen Kindheit lösen, sie haben aber oft eine andere Ausgangslage: Sie haben selbst nicht viel an religiöser Beziehung erfahren, sind vielleicht in einer religiös gleichgültigen Umgebung aufgewachsen. Und nun sind sie unsicher und haben Nachholbedarf: »Hilfe, mein Kind ist fromm!« (so der Titel eines WDR-Dokumentarfilms von Heike Häcke, 1998).

Selbstverständlich gilt nach wie vor: Man kann Kindern die Beziehung zu Gott auch dadurch verbauen und zerstören, dass man ihnen Angst vor Gott macht. Da kann ich immer nur Alarm schlagen: Es ist strikt verboten, Kindern vor Gott Angst zu machen oder die Drohung mit dem strafenden Gott dafür zu missbrauchen, um eigene Interessen und Erziehungsziele durchzusetzen. Nicht Angst, sehr wohl aber »Ehr-Furcht« sollten Kinder Gott gegenüber entwickeln können. Sich vor Gott zu verneigen, zu schweigen ist eine grundlegende Erfahrung für sie. Oft können sie das besser als Erwachsene.

Erst im Jugendalter ist es wichtig, auch über das »Gericht Gottes« zu sprechen. Es kann schließlich nicht alles richtig sein, wie Menschen miteinander umgehen. Es gibt die Hölle auf Erden. Man kann sie sehen: Es kann nicht sein, dass Menschen verhungern, mit Füßen getreten, sexuell missbraucht, versklavt werden, dass Menschen unterdrückt und alte Menschen allein gelassen werden, oder dass brutale Videos von Handy zu Handy geklickt werden und dass Jugendliche sich gegenseitig mobben. Es ist nicht »richtig«, hat auch mit dem Ge-richt Gottes zu tun. Dies ist nicht im Sinne der Aus-richtung geben-den Nähe Gottes.

Für Jugendliche sind die Zehn Gebote eine wichtige Provokation. Bei Kindern reicht es, wenn sie diese kennenlernen und sie auf ihrer kindlichen Vorstellungsebene verstehen.

Gott will nicht, dass wir Angst vor ihm haben. Jesus sagt etwas ganz anderes: Ihr könnt zu Gott »Abba« sagen – diese aramäische Anrede Gottes kann man am besten mit »Papa« übersetzen. Dies ist eine völlig andere Qualität von Gottesbeziehung: Du gehörst zu Gott und nicht zum Be-Reich des Bösen. Du bist in Gott geborgen und er wird dir Beziehung schenken über den Tod hinaus in seiner neuen Welt, in der es kein Leid und keine Tränen mehr geben wird.

Im Psalm 23 wird zugesagt: »Der Herr ist mein Hirte, es mangelt mir nichts, er führt mich auf grüne Auen, an Wasser des Lebens.« Dies ist eine Qualitätsansage: Letztlich geht es um die Wahrnehmung und Erschließung der bereits geschenkten Gottesbeziehung. Wir erkennen gemeinsam Schritt für Schritt mit unseren Kindern, dass wir bereits in der Gottesbeziehung existieren.

Die Beziehung mit Gott ist allerdings nicht nur eine »Schönwetter-Beziehung«. Im Buch Hiob (Ijob) im Alten Testament wird uns das Leid eines Mannes gezeigt, der seine Kinder, seine Frau und all seine Habe verliert. Er ist entsetzt und klagt zu Gott, wie er dies alles denn zulassen könne. Am Ende des Buches Hiob sagt er: Ich, Hiob, habe dich, Gott, in diesem meinem Leid von Angesicht zu Angesicht gesehen (vgl. Hiob 42,5).

Unser Leben ist nun einmal nicht nur Sonnenschein. Wir müssen, so wie Jesus auch, durch das Leid und die Kreuze unseres Lebens hindurchgehen, durch den dunklen Tunnel, an dessen Ende das Licht des ewigen Lebens aber bereits für uns aufleuchtet. Es ist deswegen wichtig, mit Kindern Gott auch all das zu sagen, was uns belastet; auch Kinder sollen und dürfen lernen, Gott zu klagen.

Ich habe schon viele Kinder erlebt, die Gott laut geklagt haben. Meine Großmutter, die für mich auch religiös sehr wichtig war, starb, als ich zehn Jahre alt war. In der Nacht ihres Sterbens saßen wir an ihrem Bett und haben mit ihr gebetet. Am anderen Tag lag sie im Sarg aufgebahrt im Wohnzimmer. Abends habe ich lange zu Gott gebetet: »Lieber Gott, ich weiß zwar, dass das nicht geht, aber bei meiner Oma könntest du doch mal eine Ausnahme machen, dass sie aus dem Sarg herauskommt und wieder mit uns am Tisch sitzt.« Ich habe gebetet und gebetet... Am anderen Morgen lag meine Großmutter immer noch tot im Sarg ... In diesen Tagen hat sich meine Gottesbeziehung komplett geändert. Ich habe in dieser Situation Gott neu wahrgenommen.

Gott hat auch nie versprochen, dass wir auf unserer Erde nicht sterben müssen. Gott gibt uns aber die Verheißung und die Hoffnung, dass wir über den irdischen Tod hinaus bei ihm ewig sind. Mit diesem biblisch fundierten Gottesbild wird Kindern in der religiösen Erziehung eine »neue Welt« eröffnet. Sie können die liebevolle »Umfassungserfahrung« wahrnehmen, die in dem Begriff »Be-Reich Gottes« steckt. Jesus hat das Reich Gottes mit vielen Gleichnissen und Bildern farben- und lebensfroh als große Zukunft für uns Menschen verkündet.

Religiöse Begleitung verläuft gegenseitig. Oft wollen Kinder mit ihren religiösen Fragen vor allem, dass Eltern ihnen zuhören, dass sie das eigene Weiterdenken anregen und »Reibungsfläche« bieten.

Wenn Sie einmal keine Antwort haben, dann können Sie die Frage zurückspiegeln: »Was denkst du denn selbst dazu?« »Wie kommst du denn auf diese Frage?« »Ich muss selbst noch einmal darüber nachdenken und wir sprechen bald wieder darüber.« So wird religiöse Erziehung zur gegenseitigen Beziehung mit Blickrichtung auf Gott – stressfrei.

Sie sind mit Ihrem Kind gemeinsam auf dem Weg der Gottsuche, gerade auch dann, wenn Sie gemeinsam Gott entgegenzweifeln.

5. Wie Sie als Familie wert-voll leben können

Eine Familie ist geradezu dazu »verdonnert«, die alltäglichen Probleme und Konflikte miteinander konstruktiv anzugehen. Dies sind aber auch alles Situationen der Gotteskommunikation.

Ich komme an einem Sommerabend nach Hause und sehe im Wohnzimmer unsere schönste Vase in Scherben auf dem Boden. Ohne weiter zu überlegen, sage ich zu unserem neunjährigen Sohn: »Müsst ihr denn immer alles kaputtmachen ...!« Mein kleiner Sohn bekommt Tränen in die Augen und sagt, es sei die Katze gewesen, die auf den Schrank gesprungen sei und dabei die Vase heruntergeworfen habe. Am Abend habe ich mich zu ihm ans Bett gesetzt: »Es tut mir leid, dass ich dich so angefahren habe. Ich habe es völlig falsch eingeschätzt und ich hätte dich erst einmal fragen müssen, was überhaupt passiert ist.« Wir haben noch lange darüber gesprochen und das Leuchten in seinen Augen kam zurück.

Es fällt einem Vater kein Zacken aus der Krone, wenn er sich bei seinem Kind entschuldigt, ihm damit signalisiert, selbst auch Fehler zu machen. Auch Eltern sind darauf angewiesen, dass es eine ausgestreckte Hand gibt. Ganz abgesehen davon lernt ein

Kind dabei, selbst später in anderen Situationen zu den eigenen Fehlern zu stehen.

Wer mehr dazu wissen will, was wir tun können, um unsere Beziehung zu unserem Kind »glücklich« zu gestalten, unser Kind zu stärken und ihm Grundvertrauen und Halt für sein Leben zu geben, findet dazu konkrete Anregungen in dem Buch »Kindern Grundvertrauen und Orientierung geben: Ein Elternbegleiter durch den Erziehungsalltag« (Albert Biesinger und Julia Biesinger, Patmos Verlag 2017). Hier ein Auszug aus den Seiten 30f und 33f:

Besonders belastend können Äußerungen sein, die generelle Vorwürfe – z.B. es ist »immer« so oder »nie« geschieht etwas, »alles« oder »nichts« ist so – beinhalten:

- »*Immer* machst du Krach, kannst du denn *nie* ruhig sein?«
- »*Immer* sieht's bei dir aus wie bei Hempels unter'm Sofa! Kannst du denn *nie* mal etwas ordentlich machen?«
- »Schon wieder eine 4 in Mathe! Wieso lernst du denn *nie?*«

Mit solchen Aussagen werfen wir unserem Kind eine generelle Unzulänglichkeit vor. Zudem nimmt unser Kind negative, gegen sich gerichtete Emotionen wahr. Derartige Äußerungen fördern bei unserem Kind die Sichtweise, sich in den angesprochenen Bereichen oder sich generell als inkompetent und unfähig anzusehen und das als gegeben, als stabile Tatsache wahrzunehmen. Hört es derartige Mitteilungen immer wieder, stellt es sich selbst und seine Fähigkeiten in Frage. [...]

- Aus »Immer machst *du* Krach, kannst *du* denn nie ruhig sein?« wird: »*Ich* versuche mich zu konzentrieren und dafür wäre Ruhe ganz gut. Geh doch nach draußen spielen. In zehn Minuten bin ich so weit.« – In diesem Beispiel wird die Lage geklärt, das eigene Bedürfnis nach Ruhe wird mitgeteilt, der Bewegungsdrang des Kindes wird wahrgenommen und mit den unterschiedlichen Bedürfnissen wird konstruktiv umgegangen. Das Kind wird beachtet und kann durch die Erklärung die Situation einschätzen.
- Aus »Immer sieht's *bei dir* aus wie bei Hempels unter'm Sofa! Kannst *du* denn nie mal etwas ordentlich machen?« wird: »Ich möchte in einer halben Stunde in deinem Zimmer gern durchsaugen. Räume bitte die Puzzles in den Spieleschrank und die Bücher ins Regal. Deine Legostraße kannst du von mir aus stehen lassen, wenn du sie an die Seite schiebst.« – In diesem Beispiel wird die Lage geklärt, das eigene Bedürfnis nach Sauberkeit wird mitgeteilt. Die Erwartung wird konkret dargelegt und das Kind weiß genau, was von ihm erwartet wird. Es wird wahrgenommen, dass das Kind gern am nächsten Tag an der Legostraße weiterspielen will und dem auch Rechnung getragen, indem hier ein Kompromiss geschlossen wurde.

Positiv formulierte, klare und konkrete Aufforderungen helfen unserem Kind. Sie stellen konkrete Ansatzpunkte für unser Kind bereit und geben ihm eine positive Sichtweise, um kompetent mit der Situation umzugehen.

Was Sie als Eltern Ihrem Kind für sein Leben mitgeben können, damit es mit einer inneren Stärke mit Stress, Leistungsdruck oder sonstigen Herausforderungen des Lebens konstruktiv umzugehen lernt, erfahren Sie in den verschiedenen Kapiteln des eingangs genannten Buches.

Vergebung, Versöhnung gehören zum christlichen Weg unbedingt dazu. Wer nicht in der Lage ist, sich vergeben zu lassen, um Vergebung zu bitten, aber auch selbst anderen zu vergeben, hat nach Jesus von Gott nichts begriffen. Wir alle bedürfen der Vergebung Gottes, wir sind darauf angewiesen. Auch so manche Paarbeziehung wäre alltagstauglicher und letztlich auch »glücklicher«, wenn die Partner in der Lage wären, einander auch mal um Entschuldigung zu bitten, wenn etwas danebengelaufen ist.

Die Wertediskussion floriert derzeit in unserer Gesellschaft. *Wer von Werten redet, muss aber auch die Qualitätsfrage stellen.* Werte an sich überzeugen mich noch nicht. Es muss ja erst einmal diskutiert werden, was denn ein Leben wertvoll macht und was einen »Wert« »wert«voll macht. Auch manche Terroristen würden für sich in Anspruch nehmen, für Werte zu kämpfen.

Wenn wir als Christen von Werten sprechen, dann müssen wir auf jeden Fall die Qualitätsfrage stellen. Im Laufe der Geschichte hat auch das

Christentum sich selbst oft nicht an die Verheißungen des Evangeliums gehalten, sondern gegenteilige »Wert«-Vorstellungen kommuniziert. Man denke an Sklavenhandel, die Eroberung Lateinamerikas, Unterdrückung von Frauen oder Judenhass, um nur wenige Beispiele zu nennen.

Christlich gedacht, ist Gott der Schöpfer unseres Lebens, der unserem Leben von Anfang an eine Würde gibt, die wir uns selbst nicht zusprechen können. Wir sind nicht nur ein Zufallstreffer der Evolution, sondern ein Lieblingsgedanke Gottes, der unser Leben für so wertvoll hält, dass er uns auch im Prozess der Verwandlung im Tod Bedeutung und Würde in seiner Nähe und in seinem Licht gibt.

Wenn man die – sicher notwendige – Wertediskussion nicht lediglich auf Ethik eingrenzen will, muss man den Horizont auf die Gottesbeziehung hin ausweiten. Denn darin liegt die Grundfrage nach dem Wert, der Würde und dem Sinn menschlichen Lebens, die für alles Weitere bis über den Tod hinaus entscheidend ist.

Wer seinem Kind die Erfahrung und das Erlebnis der Gottesbegegnung mit ins Leben gibt, macht ihm das kostbarste Geschenk, das Menschen einander weitergeben können. Es ist kein Geschenk, das wir selbst hervorbringen – ein Geschenk aber, das wir in unserer Familie emotional und kognitiv erfahrbar machen können.

Ein Mensch ist kein isolierter Punkt – er steht immer in Beziehung. Umso wichtiger ist es, nach der

Qualität dieser Beziehung zu fragen. Es gibt Beziehungen, in denen Menschen unterdrückt, gedemütigt und ihrer Würde beraubt werden, und es gibt Beziehungen, in denen Menschen aufgebaut werden und aufblühen. Die Gottesbeziehung ist die höchste Qualität für unser Leben. Denn Gott denkt vom Menschen her, er hält zu ihm und verheißt ihm Befreiung – über den Tod hinaus.

Die große Frage nach dem Woher, Warum, Wozu und Wohin unseres menschlichen Lebens hier auf Erden werden wir nie abschließend und mit letzter Sicherheit beantworten können, aber das Ringen darum lohnt sich. Wenn wir auf das Ja Gottes zu uns Menschen vertrauen und uns auf ihn einlassen, dann bedeutet dies ja auch, dass wir von der Gottesbeziehung her die Werte, die zwischen uns Menschen gelten, hinterfragen und entsprechende Entscheidungen fällen.

Was sind das denn für Werte, wenn jedes Jahr Millionen Menschen an Hunger und Verelendung sterben? Als ob es nicht die Möglichkeit geben würde, die reichen und die armen Länder in einen kreativeren und solidarischeren Austausch zu bringen und »Schwerter zu Pflugscharen« umzuschmieden!

Wenn die Werte Jugendlichkeit, Schönheit, Gesundheit, großes Auto und möglichst hoher Reichtum heißen, werden viele Menschen, die diesen Ansprüchen nicht genügen (können), als weniger wert oder gar als unwert eingeschätzt. Unwert fühlen sich alte Menschen in Pflegeheimen, wenn ihnen aus Gründen des Personalmangels eine Windel umgelegt wird, weil niemand mehr da ist, der mit ihnen auf die Toilette gehen kann. Unwert fühlen sie sich, wenn ihre Angehörigen kaum noch auftauchen und sie weitgehend allein lassen. Unwert fühlen sich Mütter, die von ihrem Mann wegen einer Jüngeren verlassen wurden und selbst bisweilen unter der Last von Beruf und Alleinerziehung zusammenzubrechen drohen. Unwert fühlen sich Kinder, die den überzogenen Ansprüchen ihrer Eltern in der Schule nicht genügen ...

In unserer Gesellschaft ist es derzeit eine große Herausforderung, wie Kinder und Jugendliche Gottes- und Nächstenliebe kennenlernen und einüben können. Es ist eine Erfahrung, dass viele von ihnen zur »Compassion«, zum Mitfühlen, zur Solidarität sehr wohl bereit sind. Ein Beispiel: Die »72-Stunden-Aktion«[4] Jugendlicher wurde 2019 mit dem »Bambi« ausgezeichnet. Kindern und Jugendlichen tut die Anleitung – manchmal auch die Provokation – gut, sich mit als üblich angesehenen Umgangsformen und Verhaltensweisen, die beispielsweise auch durch die Ablenkungsindustrie oder manche Medien transportiert werden, kritisch auseinanderzusetzen.

Werte zu erlernen, ist zur Überlebensfrage geworden in unserer Gesellschaft, soll sie nicht in Egoismus, Aggression oder Gleichgültigkeit versinken. Wir sind als Erwachsene dabei immer auch in unserer Vorbildrolle gefragt: Reibungsfläche zu bieten gegenüber stromlinienförmigen, konsumorientierten Haltungen und Leitbild zu sein für ein gelingendes Leben.

Andererseits verhalten sich manche Jugendliche verantwortungsbewusster als ihre Eltern; sie zeigen Empathie und Solidarität und organisieren sich leidenschaftlich für ihre Mit- und Umwelt. Die Bewegung »Fridays for Future« ist ein Beispiel dafür, dass Jugendliche für die Umsetzung ihrer Werte hohes Engagement zeigen und zum Teil auch Risiken eingehen.

Wir Erwachsenen haben uns manchmal zu sehr in unserer »kleinen Welt« eingerichtet. Kinder und Jugendliche können uns neu das Querdenken lehren.

Wer entschieden vom Kind her denkt, tut gut daran, Kinder religiös nicht im Regen stehen zu lassen, sondern ihnen dabei Begleitung zu geben, so wie sie auch in anderen Bereichen Förderung und Unterstützung für die Entwicklung ihrer Persönlichkeit brauchen.

Die letzten Jahrzehnte waren bei uns oft von der Haltung geprägt, dass Religion und Religiosität etwas sei, wovon man sich emanzipieren müsse. Die Situation hat sich geändert. Die Orientierungslosigkeit ist in einer Weise angewachsen, dass deutlich geworden ist: So ganz ohne Gott geht es offenbar auch nicht. Vor allem die interreligiöse Verständigung ist dramatisch wichtig, wenn wir nicht wollen, dass es in unserer Gesellschaft auch zu religiös mo-

tivierten Konflikten kommt, die sehr aggressiv ausgetragen werden.

Spätestens dann, wenn Kinder uns mit religiösen
Fragen konfrontieren, wird auch unsere Haltung in-
frage gestellt: Gibt es da doch noch mehr als unsere
irdische Wirklichkeit, die man anfassen, überprüfen
und messen kann?

Gibt es mehr als alles?

Geist kann man nicht wiegen und nicht messen und
nicht eingrenzen. Und dennoch ist Geist eine hoch-
karätige Realität. Es kann ungemein anregend sein,
mit Kindern über ihre religiösen Ideen, Fantasien,
Deutungen und Vorstellungen zu sprechen und so
»Engel am Wege« für sie zu sein, damit sie sich
Schritt für Schritt selbstständig religiös orientieren
können. Die Kinder wiederum sind für uns Erwachsene ihrerseits »Engel am Wege«, indem sie
uns in ihre Welt mitnehmen, in der sie sich kreativ
ihre eigenen Gedanken über »Gott und die Welt«
machen. Viele Erwachsene fühlen sich allerdings oft
auch hilflos und wissen auch nicht so recht, wie
sie ihr Kind konkret religiös aufbauend begleiten
können.

Hilfreich ist es, dabei zunächst mit der eigenen
Kindheit Kontakt aufzunehmen, sich an die frühen
Berührungen mit Gott in der eigenen Kindheit zu
erinnern. Dies ermöglicht es, authentisch auf Kinder einzugehen und sich in sie einzufühlen.

Die Einschätzung »Ich glaube ja selbst nicht richtig, deswegen kann ich mein Kind auch nicht religiös erziehen« ist zu hinterfragen. Es kann auch ein positiver Anstoß zur eigenen Weiterentwicklung sein, wenn wir uns auf die Fragen der Kinder einlassen.

In dieser direkten Kommunikation mit Kindern geht es nicht darum, ihnen bestimmte vorgefertigte Glaubenswahrheiten zu vermitteln. Vielmehr geht es um die eigenen religiösen Vorstellungen von »Gott und der Welt«, die wir mit ihnen besprechen und im Gespräch mit ihnen weiter klären. Und die Kinder regen uns durch ihre eigenen religiösen Fragen zu weiterem Nachdenken an. Die Kinderfragen sind oft auch unsere eigenen großen und bleibenden Fragen als Erwachsene.

Ohne Wertebildung können Kinder und Jugendliche »aus dem Ruder laufen«. Sie brauchen Leitplanken und sind darauf angewiesen, zu lernen, was geht und was nicht geht. Wertebildung meint aber mehr als ethische Regeln, die vorgegeben sind. Es geht um einen eigenständigen Lern- und Verstehensprozess der Kinder und Jugendlichen darüber, was Leben ist, was den Wert und die Würde des Menschen schützt, um zu einem sinnvollen gemeinsamen Leben zu kommen. Für Kinder wird es in Umbrüchen der Gesellschaft immer wichtiger, die verschiedenen Wertvorstellungen der Gesellschaft beurteilen zu können und zu reflektiertem eigenem Handeln zu finden.

6. Wie Sie eigene Erfahrungen und Vorstellungen von religiöser Erziehung weiterentwickeln können

Viele Erziehungsstile aus unserer eigenen Kindheit und Jugendzeit sind nicht zielführend. Es ist grundlegend wichtig, eigene Erlebnisse, auch religiöse Erlebnisse, in der eigenen Erziehung nicht zum Maßstab für die Kommunikation mit unseren Kindern heute zu machen. Ebenso wie in anderen Bereichen können und dürfen wir nicht einfach unsere Erfahrungen aus der eigenen Kindheit unreflektiert übertragen. Zumindest ist ein biografischer Reflexionsprozess angebracht. Es gibt zweifellos »Gottesbilder«, die uns Menschen nicht guttun: Bilder von Gott, die Angst machen und einschüchtern. Der Jesuit Karl Frielingsdorf hat »dämonische Gottesbilder«[5] ausführlich beschrieben und kritisiert: Vorstellungen von einem Buchhalter-Gott, Leistungs-Gott und Todes-Gott sind nicht nur für Kinder abträglich und theologisch unsinnig. Es ist religionspädagogisch verboten, Kindern Angst zu machen oder Gott für eigene Erziehungszwecke und Vorstellungen zu gebrauchen, um sich besser durchsetzen zu können.

Religiöse Bildung will dazu anregen, die Botschaft des Christentums (wieder) zu entdecken und weiter zu kommunizieren. Jesus war kein Asket, er hat keine religiösen Übungen minutiös vorgeschrieben. Seine Botschaft ist die Dynamik von Liebe: Selbstliebe, Gottesliebe und Nächstenliebe. Sie ist die Freude des angekommenen Reiches Gottes als Fülle des Lebens für alle Menschen. Jesus wendet sich gegen alles, was uns daran hindert, Gott wahrzunehmen. Er wendet sich gegen Unterdrückung und Ungerechtigkeit, speziell auch für Frauen. Einmalig und unerhört für seine Zeit holt er Frauen aus ihrer gesellschaftlichen Bedeutungslosigkeit. Er bewahrt eine Frau davor, gesteinigt zu werden. In seinem Jüngerkreis finden sich beeindruckende Frauen. Dies ist hochrelevant für unsere heutigen Diskussionen zu Rolle und uneingeschränkter Würde von Frauen in der katholischen Kirche.

Für mich ist es eine faszinierende Lebensaufgabe, gemeinsam mit anderen nach dem letzten Sinn des Lebens zu suchen: Gott ist die Herkunft meiner Herkunft – mein Schöpfer. Gott wohnt in mir, er umhüllt und begleitet mich in meinen Jahren auf dieser Erde. Gott gibt meiner Zukunft über den Tod hinaus eine Zukunft.

Es geht darum, den – angesichts der Millionen Jahre, seit es Menschen gibt – kurzen Zeitraum, der uns hier auf dieser Erde von Gott als Gabe und Aufgabe gegeben ist, im Tiefsten als *Existenz in Gottesbeziehung* zu entdecken, mit anderen zu teilen und die großen Zusagen Gottes für unser Leben zu realisieren und zu feiern.

Gottesdienste sind dabei wichtige Erfahrungsräume, die lebensnah und alltagsorientiert so gestaltet werden sollten, dass sich unser Leben in der Gottesbeziehung realisieren lässt. Dafür müssen Sie nicht »das Ganze des Glaubens glauben«, das kann ich auch nicht, das kann auch ein Bischof oder ein Papst nicht. Aber »an einer Ecke« mit Gott Kontakt aufzunehmen, ihm zu danken oder zu klagen, manchmal auch ihn anzuklagen, das ist ein möglicher und für viele auch realistischer Zugang zu religiöser Elternkompetenz.

Manche Fragen von Kindern können wir nur vorläufig beantworten. Dies ist sogar ein gutes Zeichen, weil wir damit für uns selbst und vor Gott zugeben, dass wir die tieferen Geheimnisse bisweilen einfach (noch) nicht verstehen können, wir beispielsweise einfach nicht wissen, warum zu unserem Leben Leid gehört, warum Kinder tot geboren werden und junge Mütter an Brustkrebs sterben. Ein solches Verständnis von religiöser Bildung gibt dem Geheimnis Raum, Freiheit und Weite, ohne dass wir alles wissen und verstehen müssen.

Wichtig ist es, authentisch zu sein und das Gespräch nicht zu verweigern. Dabei können wir vielfach auch auf vorgegebenes Material wie Bücher, Filmclips (siehe Kasten), Kinderbibeln[6] sowie Vorlagen für religiöse Rituale und Feiern[7] zurückgreifen.

Filmclips

Sie können sich von fünf Kurzfilmen überraschen lassen, die Sie unter folgenden Links im Internet finden:

◆ www.kleine-menschen-grosse-fragen.de

◆ www.stigofam.de
   (Stiftung Gottesbeziehung in Familien)

Die Filme sind frei verfügbar. Diese fünf Filmclips wurden zur religiösen Bildung in Kitas entwickelt, speziell auch für die Begleitung von Eltern. Darin geht es um folgende Themen:

◆ *Was ist, wenn Oma stirbt?*

◆ *Kann ich Gott sehen?*

◆ *Gibt es (mehr als) einen Gott?*

◆ *Wie ist das mit dem Kreuz?*

◆ *Lieber Gott, hörst du mich?*

Die Filme sind so aufgebaut, dass eine konkrete Situation von Kindern dargestellt wird. Danach gibt es ein religionspädagogisches Expertengespräch, und praktische Handlungsmöglichkeiten werden vorgestellt.
Die Filme können Ihnen Freude machen und auch Hinweise geben, wie religiöse Bildung alltagstauglich und lebensförderlich sein kann. Auf der Homepage der *Stiftung Gottesbeziehung in Familien* (www.stigofam.de) finden Sie dazu weitere Anregungen und Hinweise.

Bei einem Vortrag sagte ich, dass Kinder biblische Geschichten brauchen. Biblische Geschichten sind oft spannende Rettungsgeschichten, Geschichten von Heil, aber auch von Unheil, Geschichten mit großen Verheißungen für unser Leben und für die Welt.

Es meldete sich eine junge Mutter und sagte: »Es ist schon recht, was Sie da sagen. Aber wenn ich so manche biblische Geschichte selber gar nicht glauben kann, ist es dann für mein Kind nicht doch besser, ich lese überhaupt nicht aus der Bibel vor?« Bevor ich dieser Frau antworten konnte, sagte spontan eine Kinderpsychotherapeutin zu ihr: »Machen Sie sich keine Sorgen, die biblischen Geschichten wirken auch ohne Sie ...« Sie hat recht: Kinder operieren selbst mit biblischen Geschichten. Biblische Geschichten machen etwas mit Kindern: Wir müssen nicht stellvertretend für die Kinder verstehen, müssen auch nicht stellvertretend für die Kinder glauben. Sie können das schon selbst.

Kinder brauchen aber Wegbegleitung, die sie zunächst eben auch mit biblischen Geschichten bekannt machen und damit einen Horizont öffnen, der ihnen sonst schlicht und einfach verschlossen bleiben könnte. Es kann eine sehr autoritäre Entscheidung sein, die Sicht von Kindern auf innerweltliche Schubladen einzugrenzen und ihnen damit eine entsprechende religiöse Horizonterweiterung zu verwehren – nach dem Motto: *Gott ist nichts für dich, das habe ich für dich entschieden.*

Zwei zehn- und zwölfjährige Schwestern sagten: »Wir möchten zum Geburtstag, zu Weihnachten und zu Ostern kein Geschenk, wenn wir nur katho-

lisch werden dürfen.« Sie hatten eine Mutter, die ihnen religiöse Bildung und die Gottesberührung ver-
weigert hat. Die Mädchen sollten – so fand sie
– warten, bis sie erwachsen sind.

Der Religionspädagoge Friedrich Schweitzer
spricht vom »Recht des Kindes auf Religion« (Gütersloh 2013) und wendet sich damit zu Recht gegen
die Beliebigkeit religiöser Bildung. In anderen Bil-
dungszusammenhängen wartet man auch nicht, bis
die Kinder erwachsen sind. Sie dürfen auch im Be-
reich der religiösen Bildung nicht abgewertet werden, nach dem Motto: Das ist für dich noch nichts,
da musst du erst noch größer werden.

Kinder bringen uns Erwachsene durch ihre provozieren-
den Fragen dazu, unsere Glaubensvorstellungen weiter-
zuentwickeln, tiefer nachzudenken und auch auf unsere
eigenen elementaren Fragen Antworten zu suchen. Als
Erwachsene sind wir ja selbst auch aufgrund schwerer
Lebenskrisen, Frustrationserfahrungen und Überforde-
rungen darauf angewiesen, uns Gott neu und intensiv
anzuvertrauen und auf seine heilende Barmherzigkeit zu
hoffen. Unsere eigenen Glaubensverständnisse verändern sich ein Leben lang. Wir kommen nicht darum herum, für unsere eigene Gottesbeziehung qualitativ und
aktiv Verantwortung zu übernehmen.

7. Wie Rituale Ihrer Familie guttun können

Es ist ein heißer Sommertag. Am Nachmittag braut sich ein fürchterliches Gewitter zusammen. Der Himmel verdunkelt sich, es hagelt, das Wasser schießt durch die Straßen. Das Licht geht aus. Meine Großmutter nimmt uns Kinder durch die Dunkelheit tastend ins Wohnzimmer und zündet eine Kerze an. Meine Mutter kommt hinzu. Wir beten: »Im Anfang war das Wort und das Wort war bei Gott und Gott war das Wort ...« Ich kann diese Worte vom Eingang des Johannesevangeliums deswegen bis heute auswendig. Wir beteten lange.

Es war für mich frappierend, dass Beten gegen Gewitter hilft. Wenn man lange genug betet, geht jedes Gewitter weg ...! Und dennoch: Es war ein Ritus, sich in der Bedrohung an Gott zu wenden. Heute bin ich froh, dass ich gelernt habe, mich umso mehr Gott anzuvertrauen, je kritischer und undurchschaubarer oder gar bedrohlicher es wird.

Ein anderes Beispiel: Sonntagabend. Es ist »Familienkonferenz«. Nach dem Abendessen sitzen wir mit unseren Kindern um den Tisch: »Wie ist es dir in dieser Woche in der Familie ergangen?« Unser jüngster Sohn darf zuerst reden. Alle anderen hören ihm ohne Kommentar zu. Es bricht geradezu aus dem Kleinen heraus: »Schon wieder haben sie mir beim Fußballspiel gesagt, dass ich sowieso den Ball nicht halten kann. Ich darf wieder nicht mitspielen.« Sein Bruder wird gebeten, erst mal nichts dazu zu sagen. So darf jeder äußern, wie es ihm in der Woche in der Familie gegangen ist, auch Mutter und Vater. Erst dann sprechen wir miteinander darüber und überlegen, was jeder in der kommenden Woche in der Familie anders machen möchte. Bei der nächsten Familienkonferenz sprechen wir erneut darüber.

Über einen langen Zeitraum hinweg war dies ein wichtiges Familienritual. Diese praxisnahe und effektive Form eines Familienrituals geht zurück auf Erkenntnisse und Beobachtungen des amerikanischen Psychologen Thomas Gordon.[8]

Von der Therapeutin Ruth C. Cohn habe ich eine wichtige Regel für mein Leben gelernt: Störungen haben Vorrang. Bearbeite sie oder sie nehmen sich Vorrang! Wenn wir so tun, als würde es die Störung nicht geben, dann ist sie damit gerade nicht aus der Welt geschafft. Sie frisst sich nur umso intensiver ein in alles, was wir miteinander erleben. Die unbearbeitete Störung ist im Hintergrund immer mit dabei.

Dies gilt auch für uns als Eltern und Großeltern: Langzeitpaare, auch solche, die miteinander alt werden, berichten mir oft, dass sie genug Konflikte miteinander hatten. Sie waren aber in der Lage, diese mehr oder weniger gut zu lösen, Kompromisse einzugehen und sich auch mit den Schattenseiten des Partners oder der Partnerin zu versöhnen.

Wer mehr dazu wissen will, was wir tun können, um unsere Paarbeziehung »glücklich« zu gestalten, findet auch dazu konkrete Anregungen in dem Buch »Kindern Grundvertrauen und Orientierung geben: Ein Elternbegleiter durch den Erziehungsalltag« (Albert Biesinger und Julia Biesinger, Patmos Verlag 2017). Hier ein Auszug aus Seite 164:

Was sagt die Forschung zu Partnerschaft?

Betrachtet man die Partnerschaftszufriedenheit, so zeigt sich, dass diese zu Beginn der Partnerschaft hoch ist, sie aber mit der Zeit abnimmt.[9] In Untersuchungen zur Partnerschaftszufriedenheit wird deutlich, »dass sowohl der Wahrnehmung von als auch dem Umgang mit Konflikten eine eminente Bedeutung für den Erfolg von Partnerschaften zukommt«.[10] Es zeigt sich dabei, »dass Offenheit sowie Intimität und Vertrauen schaffende kommunikative Prozesse«,[11] also wie positiv wir im Alltag miteinander umgehen, sich direkt auf die Partnerschaftszufriedenheit auswirken. Dadurch, dass eine solch positive Partnerkommunikation die Zufriedenheit steigert, hat sie eine »stabilisierende Wirkung«[12] auf die Partnerschaft. Destruktives Konfliktverhalten hingegen führt zu einer Zunahme der wahrgenommenen Konflikte und hat eine destabilisierende Wirkung.[13] Hieraus wird deutlich, wie wichtig es für Partnerschaften ist, Kompetenzen in den Bereichen partnerschaftlicher Umgang, Kommunikation und Problemlösung zu fördern.

Wie dies mit solchen Kompetenzen ganz konkret gelingen kann, finden Sie im Kapitel 5 des genannten Buches.

Es ist wichtig, Familienrituale zu finden und um-
zusetzen. In der Regel sind Kinder von diesen Ritualen sehr begeistert, weil sie die Routine des Alltags
unterbrechen und die Kommunikation der Eltern
untereinander sowie zwischen Eltern und Kindern
intensivieren.

Warum Rituale so wichtig sind

Rituale sind sich wiederholende, gemeinsam vollzo-
gene Handlungen. Sie bringen gemeinsame Sinn-
orientierung zum Ausdruck. Regelmäßig wieder-
kehrende Rituale ermöglichen Sicherheit und Kraft
und stabilisieren unsere Persönlichkeit. Sich wiederholende ritualisierte Regeln und Handlungen
fördern Kinder nachhaltig. Sie bilden eine wesentliche Voraussetzung für die kognitive und emotionale
Entwicklung des Kindes und ordnen den Tag, das
Jahr, das Leben.

Lernen und die Einspeicherung von Gedächtnis-
inhalten finden immer auch emotional statt. Solche
neuronalen Netzwerke im Gehirn können sich während des ganzen Lebens bilden und als gespeicherte
»Handlungsanleitungen« für bestimmte Lebens-
lagen, Lebensübergänge und Lebensherausforde-
rungen dienen. Sie werden dann wieder abgerufen,
wenn entsprechende Anforderungssituationen auf
den Menschen zu kommen. Dabei geht es nicht um
die Erinnerung an einen Anlass, sondern um das
»erinnerte Wohlbefinden« wie etwa Geborgenheit

aufgrund von gemeinsamen Abendritualen in der Kindheit.

Rituale helfen, die Schwellen des Lebens zu überschreiten. Sie geben Vergewisserung bei Neuem und vermitteln das Gefühl der Kontrolle in Angst auslösenden oder sonst überfordernden Lebenssituationen. Negative Gedanken und Gefühle, die mit solchen Situationen einhergehen können, werden reduziert und können der Entwicklung von Ängsten oder depressiven Verstimmungen entgegenwirken. In Ritualen wird der Einzelne durch die Gruppe und durch das Gefühl der Verwurzelung unterstützt. Das Gefühl, nicht fallengelassen zu werden und das Leben bewältigen zu können, wird verstärkt. So definieren Rituale soziale Beziehungen, festigen die eigene Rolle und vermitteln durch Symbole und Handlungen Sinn und Zuversicht.

Rituale stellen das Gleichgewicht zwischen Vertrautem und Überschaubarem sowie Neuem und Unbekanntem her, indem sie sich auf das Vertraute konzentrieren – beispielsweise indem wir unser Kind segnen, bevor es aus dem Haus geht, und ihm damit Zuversicht für den Tag mitgeben, egal ob ein normaler Schultag, ein Klassenausflug oder eine Prüfungssituation ansteht.

Die Sakramente Taufe, Geistsendung, Versöhnung, Eucharistie, kirchliche Eheschließung, Krankensalbung und Ordination integrieren und realisieren als zentrale kirchliche Rituale viele der angesprochenen Bedeutungselemente. Sie haben umso mehr dann eine intensive Wirkung, wenn Menschen sich diese Rituale gegenseitig erschließen und sie bewusst gemeinsam erleben und auch emotional feiern.

Ein ganz besonders beeindruckendes Ritual können Sie auf dem Weg zur Erstkommunion in Ihrer Familie gestalten: In dem Familienbuch »Gott mit neuen Augen sehen«, das wir Erstkommunioneltern und -kindern in die Hand geben, finden Sie Bausteine zu wichtigen Themen wie »Wandlung und Verwandlung unseres Lebens« oder »Mit Jesus in Kontakt«. Wenn Sie diese gemeinsam mit Ihrem Kind als wöchentliches Ritual in den Monaten der Vorbereitung auf die Erstkommunion besprechen, verwandelt sich »eilige Zeit« in »heilige Zeit«.[14]

Rituale erschließen das Geheimnis unseres Lebens in der Gottesbeziehung

Kinder und Jugendliche in Westeuropa werfen Tonnen von Pausenbroten weg. Brot bekommt durch diese Handlungsweise die Bedeutung: wertlos, Müll, Abfall. Wenn in einer Familie oder einer Gruppe von Menschen gemeinsam gegessen, Brot geteilt wird, bekommt Brot die Bedeutung: Gemeinschaft, Kommunikation und Zusammenhalt.

Wenn in der Eucharistie- oder der Abendmahlfeier der Pfarrer betet: »Das ist mein Leib, der für euch hingegeben wird«, dann bekommt Brot die Bedeutung der Gegenwart Jesu Christi in seiner ganzen

Existenz für uns. Er gibt sich in unsere Hände; wir vereinigen uns geistig in diesem Ritual mit Jesus Christus selbst, und er holt uns in die Vereinigung mit ihm. In diesem zentralen, beeindruckenden christlichen Ritual realisiert sich die Gegenwart Gottes und das Vertrauen in die Zugehörigkeit zu Jesus Christus als dem Tor zur göttlichen Welt: Jesus Christus öffnet uns den Himmel.

Sakramentale Rituale sind Energiequellen und Spuren, die dazu helfen, das Geheimnis des Lebens zu verstehen.

Im Taufritual entsteht Berührung mit dem Schöpfer der Welt, ohne den es keine Kinder gibt. Kein Kind kommt in diese Welt, ohne dass Gott es liebt. Natürlich holen wir Eltern unsere Kinder ins Leben. Gott erschafft uns Menschen unter den Bedingungen der Evolution. Aber: In jedem Kind steckt ein Gottesgeheimnis. Bei Gott gibt es nur »Wunschkinder« – egal, unter welchen Umständen sie von ihren Eltern gezeugt werden.

Rituale in der Familie sind elementare und vor allem auch erfolgreiche Wege der religiösen Bildung. Nicht zuletzt in Erinnerungen werden sie von Erwachsenen oft als intensive positive Eindrücke aus der eigenen Kindheit bestätigt.

Viele Erwachsene, die erst einmal einige Jahre auf Distanz zur Kirche gegangen sind, werden durch ihre Kinder wieder zu Gott hingeführt. Sie lesen ihnen (wieder) biblische Geschichten vor oder sprechen vor dem Essen ein kurzes Dankgebet.

Ich selbst bin durch unsere Kinder intensiver Christ geworden, haben sie doch durch ihre religiösen Fragen – nicht zuletzt auch bei unseren jahrelangen gemeinsamen Abendritualen in der Familie – meinem Leben auch emotional einen tiefen Sinn erschlossen und mir geholfen, neu und anders über mein Leben nachzudenken. Mit ihnen ist meine Gottesbeziehung weitergewachsen.

Wenn die Kinder in die Pubertät kommen, wird es besonders wichtig, sich nicht aus den Konflikten zurückzuziehen, sondern bewusst »da zu sein« und »Reibungsfläche« zu bieten. Nur dort, wo es Reibung gibt, gibt es auch Nähe, Liebe und wärmende Kommunikation. Viele Konflikte, die Jugendliche mit ihren Eltern beginnen, sind auch ein Schrei nach Auseinandersetzung, nach Halt und Neuorientierung. Die Ablösung vom eigenen »Kinderglauben« ist nicht negativ zu sehen. Vielmehr muss sich der Kinderglaube »häuten«, da er sich sonst nicht zu einem tragenden Glaubensverständnis für Erwachsene weiterentwickeln kann. So wie sich die Körper vom Jungen zum Mann und vom Mädchen zur Frau weiterentwickeln, so bekommt auch das Glaubensverständnis eine neue »Gestalt«.

Rituale, Rituale, Rituale – diese Forderung kommt aus Psychologie, Soziologie und Pädagogik. Beispielsweise auch in Kindertagesstätten bieten Rituale Kindern, aber auch pädagogischen Fachkräften klare Strukturen, Wiederholung und Vertiefung. Und genau dies ist derzeit mehr als wichtig. Angesichts der Ablenkungsindustrie und der daraus oft resultierenden Konzentrationsschwächen braucht es geradezu diese Gegenwelt durch orientierende, strukturierende und entschleunigende Rituale. Rituale erschließen Visionen für das Leben.

Rituale sind nicht erst wichtig, seitdem wir neue, überraschende Ergebnisse aus der Gehirnforschung zur Verfügung haben. Die christlichen Kirchen haben eine 2000-jährige Ritualkompetenz, die wiederentdeckt, aber auch transparenter weiterentwickelt und auf innere Verständlichkeit hin erschlossen werden kann.

Insbesondere Segensrituale sind alltäglich bedeutsam: Kinder brauchen immer Schutz, Umhüllung, die Erfahrungen des radikalen Angenommen-Seins bei Gott: »Dann nahm er die Kinder in seine Arme und segnete sie« (vgl. Evangelium nach Markus 10,13–16).

In Familien kann durch gemeinsame, sich regelmäßig wiederholende Rituale Vergewisserung, Stabilität und vor allem auch Ruhe entstehen. Angesichts der vielfachen Gefährdungen der Kinder schaffen Rituale eine Gegenwelt: Verlässlichkeit, Zuwendung, Versöhnung und wirkliches, alltagstaugliches Füreinander-da-Sein. Rituale sind deshalb auch gut für die psychische Entwicklung.

8. Wie Sie als Familie Weihnachten und Ostern feiern können

Das Wunder der Heiligen Nacht ist nach christlichem Verständnis die geheimnisvolle Berührung der göttlichen Welt mit unserer materiellen Welt. Der innerste Kern des Christentums war zuallererst die Erfahrung, dass der ermordete, am Schandpfahl des Kreuzes hingerichtete Jesus von Nazaret – von Gott auferweckt – nicht im Tod geblieben ist. Das Interesse an seiner Geburt ist erst im Nachhinein – nach dieser Erfahrung mit dem auferwecken Christus, nach seinem Tod – entstanden.

Dahinter steht eine nachvollziehbare Logik: Wenn heute ein Kind geboren wird, das in 50 Jahren große Berühmtheit erlangt, wird man auch über seine Herkunft, seine Geburt und seine Kindheitsjahre nachdenken und diese entsprechend beschreiben wollen. Kein Mensch weiß in den ersten Lebenstagen eines Kindes, wie wichtig und berühmt dieses Kind eines Tages für die Menschheit sein wird. So gesehen ist es sehr verständlich, dass erst Jahre nach dem Tod Jesu und seiner Auferweckung die Versuche begannen, seine Kindheit in Worte zu fassen. Als Lukas die Geburt Jesu in Betlehem in der bekannten Form einer Legende beschrieben hat (Lukas 2,1–20), wussten die Jünger also bereits, dass dieses Kind in der Krippe als Jesus von Nazaret das Reich Gottes verkündet und von sich selbst gesagt hatte: »Ich bin der gute Hirt« (Johannes 10,11).

Wir feiern an Weihnachten den Geburtstag von Jesus, der mit voller Gotteskraft in unsere Welt gekommen ist.

Jesus von Nazaret wurde in der Regierungszeit des Königs Herodes vor mehr als 2000 Jahren geboren. Die Krippe im Stall ist ein Symbol dafür, dass Jesus nicht ein König ist wie andere Könige, die in einem Königspalast geboren werden. Die Zeitrechnung in unserem Kulturkreis wird entsprechend seiner Geburt »vor Christus« oder »nach Christus« angegeben. Maria wurde von einem Engel gefragt, ob sie die Mutter Jesu werden wolle.

Zentraler Inhalt der Weihnachtsgeschichte bei Lukas ist die Geburt Jesu und der Besuch der Hirten. Die Kernaussage der Engel an die Hirten ist: »Heute ist euch in der Stadt Davids der Heiland geboren, nämlich der Messias, der Herr« (Lukas 2,11).

Der Evangelist Lukas legt großen Wert darauf, zu begründen, dass Jesus aus dem Stamm des Königs David ist. Betlehem ist die Stadt Davids. Jesus wird in Betlehem geboren. Dass die Hirten als Erste von den Engeln die Botschaft bekommen, hat auch noch eine spezielle andere Bedeutung. Die Hirten waren diejenigen, die bestimmte religiös-kultische Vorschriften wie beispielsweise Reinheitsgebote nicht einhalten konnten und deshalb religiös manchmal ausgegrenzt oder nicht besonders geachtet wurden.

Die Botschaft dahinter ist: Es kommt nicht auf die Einhaltung der religiösen Gebote an, ob man zu Jesus gerufen wird.

Das Kind in der Krippe ist nicht der »weltliche« Herr der Welt, nicht ein König mit Soldaten: Er wird später der König mit der Dornenkrone sein, der durch den Tod hindurchgeht und von Gott auferweckt wird. Jesus ist der Sohn Gottes. Er ist aber nicht so gezeugt, wie in den griechischen Sagen der Gott Zeus mit einer menschlichen Jungfrau ein Kind zeugt. Es ist die Gotteskraft, die sich in Jesus von Nazaret in dieser Welt präsentiert. Ein Geheimnis allerdings bleibt dies allemal. Das Christentum hat dieses Geheimnis nie aufgelöst, auch nicht auflösen können. Und das ist gut so.

Diese Weihnachtsgeschichte bei Lukas ist die literarische Vorlage für Tausende von Krippendarstellungen in aller Welt. Jede Zeit und jede Gegend hat sich die Geburt Jesu in Betlehem eigenständig und kreativ vorgestellt und präsentiert. Besuchen Sie mit Ihrem Kind eine Weihnachtskrippe in Ihrer Umgebung. Es ist für Kinder hoch beeindruckend. Ein vierjähriger Junge sagte mir, als er zum ersten Mal eine Krippendarstellung in einer Kirche sehen konnte: »So war das!«

Dieses in der Krippe liegende Kind hat nichts mit den Weihnachtsshows und den glitzernden Innenstädten zu tun. Gott macht »Karriere« hinein in einen Stall ohne Reichtum, Schutz und politischen Anspruch. Später wird der Heiland der Welt sagen:

»Kommt alle zu mir, ich will euch die Last abnehmen. Stellt euch unter meine Leitung und lernt bei mir, dann findet ihr eure Lebenserfüllung« (vgl. Matthäus 11,28–29). Wenn Sie als Familie schwere Pakete zu tragen haben, können Sie diese zur Krippe bringen.

Bei einem Meditationsgottesdienst am Heiligen Abend, den ich über viele Jahre geleitet habe, waren alle Teilnehmerinnen und Teilnehmer eingeladen, mit einem Licht die Pakete des eigenen Lebens an der Krippe abzustellen. Es war ein Lichtermeer ...

»Mach's wie Gott, werde Mensch«

Die Geschichte von der Herbergssuche, wie sie im Evangelium nach Lukas knapp angedeutet wird (Lk 2,7), hat wie viele Geschichten der Bibel eine doppelte Bedeutung. Zunächst wird ausgedrückt, dass das göttliche Kind in Unsicherheit und Armut ausgegrenzt am Rand geboren wird. Jesus stellt sich später mit seiner Botschaft an die Seite der armen, ausgegrenzten, unwichtigen, oft auch religiös herabgewürdigten Menschen. Dass zu Zeiten einer Volkszählung die Herbergen überfüllt sind, wenn die Menschen dazu alle in ihre Heimatstadt kommen müssen, ist leicht vorstellbar. Dass Maria und Josef mit dem Kind in einem Stall unterkommen, hat aber eine weitergehende Bedeutung: Selbst Jesus als Retter der Welt, der als Kind in der Krippe in dieser Welt ankommt, findet keinen Platz. Maria, Josef und das

Kind, das draußen geboren wird, werden ausgegrenzt, so wie weltweit Millionen von Menschen heute einen Platz zum Leben suchen und oft nicht finden. Bereits jetzt nötigen die Klimaveränderungen Menschen in der Südsee dazu, ihre Inseln zu verlassen oder anderswo einen Unterschlupf zu finden. Und Hungersnöte und Kriege treiben Menschen in Richtung Europa. Dort werden sie zurückgedrängt und finden keine Herberge ...

Um es in Anlehnung an Angelus Silesius zu formulieren: Wenn Jesus tausendmal in Betlehem geboren ist und nicht in dir – dann hast du von Weihnachten nichts begriffen! Die Frage, ob Gott in dieser Welt ankommt und wie und wo er ankommen kann, stellt sich ja nicht nur für damals, sondern auch für heute.

Tiefgründig ist zu bedenken, ob es überhaupt möglich ist, dass Gott Mensch wird, dass die göttliche Welt sich auch auf unsere materielle, sterbliche Welt voller Leid und Not hin öffnen kann. Gerade das aber ist ja der innerste Kern des Christentums, dass Gott unsere Welt berührt, indem er selbst Mensch wird und damit unserem Menschsein eine unbeschreibliche Würde und Bedeutung gibt. Gott wird Mensch, also werde auch du Mensch!

Wir feiern in dieser Nacht, dass Unheil und Dunkelheit unserer Welt in die Schranken verwiesen werden. Die Rettung der Welt, die Rettung Ihres eigenen Lebens und das Ihrer Kinder hat mit dieser Nacht, die hell wird, zu tun.

Wenn Gott Mensch wird, dann gehört unser materielles Universum und gehören wir zu Gott. Wissenschaftlich wird darüber diskutiert, dass es noch andere, viele Universen geben könnte. Und wenn wir bedenken, wie groß unser Universum ist, dann übersteigt das Denken an weitere Universen erst recht unsere Vorstellungsmöglichkeiten. Und es wird wissenschaftlich diskutiert, dass es einen Wechsel von einem Universum in ein anderes, geistiges Universum geben könnte und dass die vielen Universen miteinander verbunden sein könnten. Wer sagt, »das kann ich mir nicht vorstellen, das kann man doch nicht beweisen«, kann weiterdenken: Vor 300 Jahren konnte man auch nicht beweisen, dass es Gene gibt. Heute würde man über die Menschen von damals sagen: Sie konnten es noch nicht besser wissen. Möglicherweise werden wir noch große Augen bekommen, wenn wir eines Tages in der Verwandlung, die der Tod ist, mehr sehen, als wir jetzt sehen können: wenn wir Gott mit neuen Augen sehen.

Die Heilige Nacht – ein Wunder ist sie allemal. Das Wunder der Heiligen Nacht als solches zu spüren, ist angesichts der überbordenden Geschäftigkeit in der Weihnachtszeit schwierig geworden. Möglich ist es aber dennoch, dieses Wunder wahrzunehmen und zu feiern. Die Weihnachtsbräuche haben ihre tiefen Wurzeln in dem Geschenk, das Gott selbst uns macht. Er schenkt uns Jesus von Nazaret, der aus der Welt Gottes in unsere Welt herabsteigt, der durch sein Leben, durch sein Sterben und seine Auferweckung zum Erlöser der Welt wird. Gott selbst kommt uns als Familie entgegen und schenkt Nähe und Geborgenheit.

Weihnachtsgeschenke können das Geheimnis dieser Nacht zum Ausdruck bringen. Auch wenn es bisweilen schwer wird, einen inneren Zusammenhang zwischen dem Geschenk Gottes an uns Menschen – Jesus Christus – und den Geschenken, die wir einander machen, zu entdecken: Einfach nur ausgeliefert sind wir dem geschäftigen Rummel nicht.

Mit Ihrer Familie können Sie gemeinsam den eigentlichen Sinn suchen und feiern; Sie können in der Familie Antennen entwickeln, um in diesem Fest Beziehung mit Gott und Heilkraft für Ihr gemeinsames Leben, nicht nur in der »Weih-Nacht«, der geweihten Nacht, sondern auch in den vielen All-Tagen zu finden.

Weniger ist mehr in der Vorbereitung auf dieses Fest. Im Feiertagsstress entzünden sich oft unnötige Konflikte, die zu Enttäuschungen führen. Stattdessen können Sie das Fest in gemeinsamer Ruhe und Gelassenheit vorbereiten, und möglichst alle Beteiligten – auch die Kinder – schon in die Verantwortung für die Gestaltung einbeziehen. Wenn viele unerfüllte Wünsche und Sehnsüchte eines ganzen Jahres in die Feier des Heiligen Abends hineingepresst werden, erhöht dies Erwartungen, die gar nicht erfüllbar sind.

Weihnachten in Ihrer Familie als Berührung mit dem Kind in der Krippe zu feiern, ist nicht schwierig. Hier ein selbsterprobter Vorschlag:

Die religiöse Gestaltung des Heiligen Abends in der Familie

... kann mit einem Weihnachtslied, das in der Familie Tradition hat, beginnen. Das weltberühmte Lied »Stille Nacht, heilige Nacht ...« birgt in einer Strophe die theologische Hauptaussage: »Christ, der Retter ist da ...«

Danach ist Vorlesen dran: die Geburtsgeschichte Jesu im Lukasevangelium, Kapitel 2,1–20 – am besten aus einer Kinderbibel[15] –, ist ein Text, der in die Familie gehört und dort in jedem Jahr einen selbstverständlichen Platz bekommen sollte. Sie können gemeinsam zum Kind in der Krippe beten, für Ihre Freunde, für die Oma und den Opa, für Kranke oder verlassene Kinder. Dann darf eines der Kinder die Jesus-Figur in die Krippe legen, ein anderes die Kerze vor der Krippe entzünden. Es ist eine beeindruckende Erfahrung, gemeinsam schweigend in das Licht zu schauen und dann zusammen die Kerzen des Weihnachtsbaumes anzuzünden – das wird Ihnen und Ihren Kindern unvergesslich bleiben.

Es ist erstaunlich, dass der Weihnachtsritus aus der Kindheit auch für viele Jugendliche seinen Reiz behält. Die Bitten für andere Menschen werden von 15-Jährigen anders formuliert als von Sechsjährigen.

Jugendliche können auf ihre Weise den Heiligen Abend mitgestalten, einen Text aussuchen oder formulieren, lebensnah und für die Familienereignisse stimmig. Das vergangene Jahr mit seinen Ereignissen und Erlebnissen, mit unliebsamen oder erfreulichen Überraschungen, kann so zur Krippe gebracht werden. Hier einige allgemein gehaltene Beispiele, die durch persönliche Formulierungen ergänzt werden können:

- Christus, Retter der Welt, wir bitten dich in dieser Heiligen Nacht für unsere Familie, dass wir gut weiterkommen und friedlich miteinander und mit anderen zusammenleben können.
- Jesus Christus, Kind in der Krippe, dir bringen wir unsere ganzen Sorgen und Hoffnungen. Begleite unser Leben im nächsten Jahr.
- Jesus Christus, Kind in der Krippe, Retter der Welt, schau auf alle Menschen in ihren Nöten und ihrer Verzweiflung. Stehe ihnen bei in jeder Dunkelheit!

Ein gemeinsames Vaterunser und ein Weihnachtslied schließen eine solche »Familienliturgie« am Heiligen Abend ab. Danach erst gibt es die Geschenke und anschließend das gemeinsame Essen. Der Tannenbaum, die Krippe, die Geschenke, das gemeinsame Essen sind symbolischer Ausdruck des Wunders der Heiligen Nacht. Es geht nicht um Kitsch; vielmehr ist dann die Feier der Heiligen Nacht ein religiöser Höhepunkt.

Ostern: vom Dunkel ins Licht

Ostern ist der Dreh- und Angelpunkt des christlichen Weges. Der Jüngerkreis erlebt, dass der schrecklich ermordete, am Kreuz gestorbene Jesus Christus von Gott auferweckt wurde. Eine Explosion menschlicher Wirklichkeit. Das Zeugnis der Frauen, dass sie Jesus nicht mehr im Grab vorgefunden haben, hat »den Stein ins Rollen gebracht«. Christinnen und Christen sind in ihrem Glauben rückgekoppelt an diese Erfahrungen der Jüngerinnen und Jünger Jesu. Er ist auferweckt. Der Tod hat nicht das letzte Wort. »Ja, morgen wird ein anderer Tag sein ... fliehend wird der Tod davoneilen, ohne seine Niederlage zu verbergen. Er wird sich vor dem Leben verbeugen« – so der peruanische Dichter und Priester Luis Zambrano.[16]

Paulus schreibt das früheste Zeugnis über den Auferweckungsglauben im 15. Kapitel, Verse 12ff seines ersten Briefs an die Korinther sinngemäß: »Wenn Jesus Christus nicht auferweckt worden wäre, wäre auch euer Glaube nichtig. Nun aber ist er auferweckt worden und deswegen werden auch wir aus dem Tod auferweckt.« Der innere Zusammenhang zwischen der Auferweckung Jesu Christi und unserer eigenen Hoffnung ist, nicht endgültig dem Tod ausgeliefert zu sein, sondern den Tod als Verwandlung hinein in die geistige Welt »erleben« zu können: ewiges Leben.

Weihnachten ist im Bewusstsein vieler Christinnen und Christen zwar das viel wichtigere und emotional prominentere Fest im Kirchenjahr. So viel
Emotion, Familienreligiosität und Freude löst die
Feier des Osterfestes bei vielen nicht aus. Dabei ist
die liturgische Feier der Osternacht ebenfalls emotional hoch beeindruckend: Der Diakon oder Priester
trägt in die dunkle Kirche das Licht der Osterkerze
hinein und singt in dem dreimaligen, anschwellen-
den Ruf« »Christus, das Licht« den Lobpreis auf
Gott, der seinen Sohn Jesus Christus nicht dem Tod
überlassen hat. Dieses Licht der Osterkerze breitet
sich über die Lichter der Gottesdienstgemeinde bis
in die Häuser aus, wenn das Osterlicht am Ende des
Gottesdienstes mitgenommen wird.

Der Diakon singt das »Exsultet«, den großen Lobpreis der Osternacht über die Rettung aus dem Tod.
Bei Tauffeiern werden an der Osterkerze die Tauf-
kerzen entzündet. Nach dem Einzug der brennenden Osterkerze in die Kirche werden die großen Le-
sungen über die Schöpfung der Welt, über die
Befreiung Israels aus der Sklaverei in Ägypten, über
die Zuwendung Gottes im Auf und Ab seines Volkes
und über die Auferstehung Jesu Christi vorgetragen.

Manchmal stellen Kinder ihren Eltern die Frage:
»Warum kommen wir denn heute in der dunklen
Kirche zusammen? Was ist das denn für ein Fest,
dass wir in dieser Nacht feiern?« Und ein Vater oder
eine Mutter antwortet: »Wir feiern in dieser Nacht

dieses Fest, weil wir daran glauben, dass Jesus aus dem Tod auferweckt wurde und dass auch wir über den Tod hinaus bei Gott leben können.« Solche Fragen kann man mit Kindern auch schon als Vorbereitung auf diesen berührenden Ostergottesdienst besprechen.

Mit Kindern kann man diesen Gottesdienst gemeinsam besuchen. Sie sind in der Regel sehr beeindruckt von den Ritualen der Osternacht. Als Kind habe ich meine Eltern geradezu angefleht, dass ich »schon« in diesen ganz besonderen Gottesdienst gehen durfte. Ich bin heute noch immer von dieser Liturgie tief berührt und betroffen. Seit vielen Jahren trage ich als Diakon morgens um fünf Uhr die Osterkerze in die dunkle Kirche hinein und singe dreimal: »Christus, das Licht«. Es geht mir dabei durch Mark und Bein.

Viele Familien bringen eine mit Wachsplatten selbstgestaltete und verzierte Kerze als Osterkerze mit, die sie dann später auch zu Hause, zum Beispiel bei den gemeinsamen Mahlzeiten, entzünden. Traditionell wird eine Osterkerze mit einem Kreuz, der Jahreszahl sowie einem A (für das griechische Alpha) und einem O (für das griechische Omega) gestaltet: Der erste und der letzte Buchstabe des griechischen Alphabets stehen dafür, dass Gott Anfang und Ende verbindet. Es können aber auch andere, für Sie oder für Ihre Kinder bedeutsame Symbole auf der Kerze angebracht werden, zum Beispiel Wasser, ein Regenbogen, Blumen, eine Sonne ...

Zuvor kommt aber der Karfreitag ...

Eltern denken oft, dass ihre Kinder mit dem Karfreitag nichts anfangen können. Dies ist eine Fehleinschätzung. Viele Kinder bekommen Sterben und Tod bereits über die Nachrichten im Fernsehen mit – Konflikte, Kriege, ungeheuerliche Situationen. Sie bekommen auch mit, dass Kinder verhungern und dass manche Eltern ihre Kinder vernachlässigen.

Besser als »den Kopf in den Sand zu stecken« und das Thema zu verdrängen ist es, mit den Kindern in den konkreten Situationen gleich darüber zu sprechen und ihnen damit auch eine Möglichkeit zu geben, besser damit zurechtzukommen, falls das überhaupt – auch für uns Erwachsene – möglich ist.

Es gibt in vielen Gemeinden am Karfreitag »Kinderkreuzwege« als Gottesdienste für Kinder und ihre Eltern, in denen sie sich an den Kreuzweg Jesu und an seinen Tod am Kreuz annähern können. Kinder sollen nicht mit schockierenden Bildern konfrontiert werden, die sie nicht verarbeiten können. Es sollte kein bluttriefendes Kruzifix sein. Sensibel und vorsichtig, den Fragen der Kinder zugewandt – das ist ein wichtiges Prinzip bei der Begegnung mit Karfreitag und dem Kreuz Jesu Christi.

Hierzu ein nachdenklich machendes Beispiel, das ich selbst erlebt habe: Grundschulkinder spielen in der Garage »Kreuzigung«. Sie kreuzigen einander symbolisch gegenseitig auf dem Boden liegend. Ich komme dazu und frage sie, warum sie das tun.

Die Antwort lautet lapidar: »Wir haben diese Geschichte gehört und wollten sie nachspielen.« Der
tiefere Anlass und Grund für dieses »Rollenspiel«
war, dass ihnen eine Person in ihrer Umgebung die
Kreuzigung sehr blutrünstig und angstmachend ge-
schildert hatte und die Kinder sich nicht anders zu
helfen wussten als durch dieses Spiel, mit dem sie
sich Entlastung und Erleichterung verschafften, das
Gehörte zu bearbeiten und zu verarbeiten.

Ein anderes Beispiel: Unser damals siebenjähri-
ger Sohn kniet sich bei einem sonntäglichen Spaziergang in der zweiten Bank der besichtigten Kirche nieder und betet: »Ich danke dir, Herr Jesus
Christ, dass du für mich gestorben bist. Ach lass
dein Blut und deine Pein an mir doch nicht verloren
sein.« Beim Hinausgehen aus der Kirche fragt er
mich: »Warum ist er eigentlich für mich gestorben?
Hätte er doch nicht müssen ...« Es war ihm so richtig
peinlich, dass Jesus für ihn gestorben sein soll. –
Man kann an dieser Situation ablesen, dass mit Kindern religiös sehr sensibel zu kommunizieren ist
und an sie keine Deutungen herangetragen werden
sollten, die für Erwachsene bestimmt sind.

Auch für Erwachsene ist es schwierig, zu verstehen, Gott habe seinen Sohn am Kreuz »geopfert«,
um die Menschheit aus der Sünde zu erlösen. Für
mich ist diese Deutung nur dann schlüssig, wenn
damit gemeint ist: Gott selbst geht mit uns Menschen den Weg durch das Leid, durch die Not und

auch durch das Äußerste an Brutalität, wie es die Kreuzigung ist, und letztlich durch den Tod, um genau diese Situationen »zu lösen«, uns zu »erlösen« aus unserer Verquickung mit den Brutalitäten dieser Welt und dem Tod. Er reicht uns damit die Hand und führt uns in der Nacht oder am Tag unseres Todes durch die Dunkelheit hindurch. Es ist für mich der Weg der »Hingabe« Gottes in unsere Lebenssituationen hinein. Nicht Gott hat seinen Sohn geopfert. Die Bibel spricht eine ganz andere Sprache: Im Hymnus des Briefes an die Gemeinde von Philippi wird es so formuliert (vgl. Phil 2,6–11):

Jesus war Gott gleich, hielt aber nicht daran fest,
Gott gleich zu sein, sondern er entäußerte sich
    und wurde wie ein Sklave
und den Menschen gleich.
Sein Leben war das eines Menschen;
er erniedrigte sich und war gehorsam bis zum
    Tod, bis zum Tod am Kreuz.
Darum hat ihn Gott über alle erhöht und ihm den
    Namen verliehen, der größer ist als alle Namen,
damit alle im Himmel, auf der Erde und unter der
    Erde
ihre Knie beugen vor dem Namen Jesu
und jeder Mund bekennt: »Jesus Christus ist der
    Herr« –
zur Ehre Gottes, des Vaters.

Jesus selbst ist aus der göttlichen Welt also freiwillig gekommen, um uns zu erlösen. Er hat seine Göttlichkeit nicht festgehalten nur für sich selbst, sondern ist herabgestiegen und gibt uns Anteil an der erlösten Zugehörigkeit zu Gott. Er wird also keineswegs von Gott »geopfert«.

Diese Sichtweise hilft uns, mit Kindern anders und angemessen über das Kreuz, den Tod und die Auferweckung zu sprechen. Auch für uns selbst als Eltern ist eine solche Vertiefung und Vergewisserung des Verständnisses unseres Glaubens immer eine Herausforderung. Kinder sind dabei oft durch ihre bohrenden Fragen Wegbegleiter, für die wir nur dankbar sein können.

Die Geschichte des Karfreitags kann für Kinder etwa in folgenden Worten knapp erzählt werden:

Das ist eine schlimme Geschichte: Je mehr die Ermordung Jesu näherrückt, desto mehr Freunde verlassen ihn. Die meisten laufen schon weg, als Jesus verhaftet wird. Petrus geht hinter ihm her bis zum Haus des Hohepriesters. Dort sagt man zu ihm: »Du gehörst doch auch zu Jesus.« Und er sagt: »Nein, den kenne ich noch nicht einmal.« Dann geht auch er. Den weiteren Weg geht Jesus allein, den langen Weg hinaus aus der Stadt, zur Hinrichtungsstätte Golgota. Lediglich Maria, seine Mutter, und Maria Magdalena bleiben in der Nähe des Kreuzes und lassen Jesus nicht allein.

> Kinder interessieren sich für diese biblische Geschichte. Es
> ist also wichtig, sie ihnen kindgemäß zu erzählen und zu
> erklären. Das Buch »Meine Kinderbibel für Sonnenschein
> und Regentage« (Albert Biesinger und Sarah, Patmos Ver-
> lag 2017) kann Ihnen dabei wertvolle Hinweise geben.

Für uns Erwachsene sind die Frauen am Kreuz ein beeindruckendes Beispiel, um darüber nachzudenken, wie wir mit Menschen umgehen könnten, die schweres Leid tragen. Manche von ihnen verkriechen sich und vermeiden jeden Kontakt zu anderen. Manche erzählen immer nur davon, was ihnen passiert ist, auch nach langer Zeit. Manche schimpfen: »Was ist das für ein Gott, dass er mich so leiden lässt?«

Gemeinsam können Sie in Ihrer Familie überlegen, ob jemand in Ihrem Bekannten- und Freundeskreis durch Krankheit, Tod, Arbeitslosigkeit oder Scheidung belastet ist. Sie können darüber sprechen, ob und wie Sie vielleicht helfen können, gerade auch, wenn schon etwas mehr Zeit verstrichen ist. Und wie Sie auch für sich selbst einen guten Weg finden können, damit umzugehen, dass jemand in einer schwierigen Situation ist und man manchmal nicht mehr tun kann, als für denjenigen einfach da zu sein, und sei es im Schweigen. Aber das ist es, worauf es ankommt, wie das lateinische Wort für »Trost« *(consolatio)* sagt: bei *(con)* dem sein, der allein *(solus)* ist, ihn nicht allein lassen. Das ist wichtiger, als passende Worte zu finden.

Gebet

Gott, dass Menschen manchmal sehr leiden müssen, macht uns sprachlos.

Wenn wir uns heute die Geschichte von Jesu Tod erzählen, fallen uns die Menschen wieder ein, die in unserer Nähe leben und leiden müssen.

Wir bitten heute für sie: dass sie spüren, dass du bei ihnen bist. Dass Menschen in ihrer Nähe bleiben. Und dass sie das Richtige tun.

In der Feier der großen christlichen Feste Weihnachten und Ostern – beide haben mit dunkler Nacht und Licht zu tun – erleben wir die Geheimnisse unserer Gottesbeziehung: dass Gott uns in dem Kind von Betlehem so nahegekommen ist, wie es intensiver gar nicht gehen kann. Gott schaut uns in einem Kind entgegen. Und: Das Licht der Osternacht gibt uns Licht in den Dunkelheiten unseres Lebens.

Kinder können in der Advents- und Weihnachtszeit ganz besonders dicht und emotional die Berührung mit Gott, dem Kind in der Krippe, kennenlernen und erleben. Karfreitag und Ostern erschließen Kindern die Dunkelheit des Todes, die sie oft mehr beschäftigt als wir Erwachsene denken. Tod und Auferweckung Jesu Christi sind für viele Kinder ein großer Trost: »Der Opa ist jetzt im Himmel ...«

Suchen Sie den für Ihre Familie und Ihre Gemeinde möglichen alltagstauglichen und stressfreien Weg, diese Feste zu feiern.

9. Wie Sie Gott als nahe Bezugsperson entdecken können, wenn Sie beten

Der jüdische Friedensnobelpreisträger Elie Wiesel, Schriftsteller und Überlebender des Holocaust, formuliert es prägnant und provokativ: »Beten heißt, fähig zu sein, seine Stärken und Schwächen zu erkennen, seine Existenz und seine Zukunft zu ermessen, heißt empfangen und geben. Ohne diese Möglichkeit wäre der Mensch um eine wesentliche Dimension ärmer.«[17]

Immer wieder fragen mich Menschen, Kinder und auch Erwachsene: »Hört mir Gott überhaupt zu, wenn ich zu ihm bete? Ich kann ihn ja nicht sehen. Und er antwortet mir auch nicht.« Ich erkläre es mir selber so: Gott ist Gott – seine ur-persönliche Verbundenheit mit jedem einzelnen Menschen ist deswegen möglich, weil er der Schöpfer eines jeden Menschen ist und mit jedem seiner Geschöpfe in Kontakt steht und diesen aufrechterhält im Auf und Ab des Lebens. Weil wir von Gott kommen, hat er uns, bereits als wir geboren wurden, einen göttlichen Funken in unser Leben mitgegeben. Dieser göttliche Funke erlischt nie und nimmer. Wie mit einer Nabelschnur bin ich mit Gott verbunden – ich muss es nur wahrnehmen, wenn ich es will. Ich kann meine Antennen ausfahren und auch meinerseits Kontakt mit Gott aufnehmen.

Ich spreche oft direkt mit Gott, obwohl ich ihn nicht sehen kann wie einen Menschen, der mir gerade gegenübersitzt. Meine jetzigen Augen können ihn nicht sehen. Aber ich weiß, dass ich mit ihm verbunden bin. Oft schließe ich meine Augen vor dem Einschlafen und stelle mir Gott wie ein wärmendes, wohltuendes Licht vor, das mir zuleuchtet, entgegenleuchtet. Ich vertraue Gott den vergangenen Tag an und bitte um Kraft für morgen. Diese Geborgenheit ist für mich ein großes Glück. Es stimmt natürlich, eine direkte Antwort wie bei einem Telefonanruf bekommen wir von Gott nicht. Seine Antwort auf unsere Gebete kommt aus der Stille – wir können auf die Eingebungen hören, die er uns gibt: Still werden und uns Gott anvertrauen, dann können wir ihn spüren und fühlen, wie er bei uns ist.

Wenn wir am Abend im Rückblick auf den Tag still in uns hineinhören, direkt mit Gott sprechen und dann wieder in uns hineinhören, kann es sein, dass er uns ganz leise Gedanken eingibt, die seine Antwort sind. Gott kommt auch im »Säuseln des Windes« – wie es in der Bibel prägnant formuliert wird (vgl. die Geschichte über den Propheten Elija im Alten Testament: 1. Buch der Könige 19,11–13).

Oft, nicht immer, wenn wir beten, haben wir einen Einfall, was wir jetzt tun oder besser lassen sollen. Ich habe als Kind oft zu Gott darum gebetet, dass ich in Mathematik eine gute Note schreibe. Immer wieder hat Gott nicht auf dieses Gebet gehört. Aber er hat mich darauf gebracht, dass ich mich anders mit Mathematik beschäftigen muss, und dann habe ich auch bessere Noten in der Schule bekommen.

Gott ist kein Zauberer, der alle Probleme für uns löst. Beten aber kann uns Kraft geben, die alltäglichen Aufgaben zu erledigen. Kann uns Kraft geben, in unserem Leben die richtigen Entscheidungen in die Hand zu nehmen und manches zu ändern. Beten kann uns helfen, weil wir das, was uns belastet, Gott anvertrauen können. Beten kann uns Kraft geben, wenn es in unserem Leben dunkel wird.

An einem Sonntag im August kamen wir morgens in die Klinik, um wie in jener Zeit täglich unsere damals 18-jährige Tochter, die schwer krebskrank im Bett lag, zu trösten. Kaum waren wir da, sagte die Oberärztin: »Verabschieden Sie sich von Ihrer Tochter, sie lebt noch zwei Stunden. Wir probieren jetzt noch alles, was wir tun können, aber Sie müssen jetzt hinausgehen.« Mit einem Sauerstoffzelt und künstlichem Koma versuchte das Ärzteteam angesichts der Pilzinfektion im Blut ihr Leben zu retten. Sie können sich vorstellen, wie meiner Frau und mir zumute war, als wir in dem Wartezimmer vor dieser Intensivstation Angst um sie hatten. Ich habe Gott geklagt und zu ihm gesagt: »Was denkst du dir eigentlich, dass sie jetzt schon sterben soll? Was hast du denn davon, wenn sie stirbt?« Es ging eine Weile hin und her. Ich war ein Vater, der Gott heftig geklagt hat. Nach einiger Zeit spürte ich Gott direkt vor mir wie eine Energie-Wand und ein wärmendes Licht. Ich habe Gott nicht gesehen wie einen alten Mann mit weißem Bart. Er hatte kein menschliches Gesicht. Ich habe ihn wie ein wärmendes Licht gespürt und ich wusste in dieser großen Verzweiflung: ER ist bei uns. Ich habe Gott gespürt wie eine Wand, die Halt gab. Seither weiß ich: Gott haut nicht ab, wenn es dunkel wird. Was wäre er dann auch für ein Gott! Nach einiger Zeit hatte ich die Gewissheit, dass unsere Tochter nicht sterben wird. Später kamen dann zwei Ärzte und haben uns Mut gemacht, es ging mit der Sauerstoffsättigung leicht aufwärts. Nach drei Tagen saß ich an ihrem Intensivbett und habe ihr in der Aufwachphase leise Lieder aus Taizé gesungen. Wir haben weiter gebetet. Wenn unsere Tochter hätte sterben müssen, hätten wir es annehmen müssen wie andere Menschen auch, ob sie beten oder nicht ... Dann hätten wir allerdings noch einmal ganz anders zu Gott gebetet und ihm geklagt. Wer also hat unsere Tochter gerettet? Die Ärzte oder Gott, Gott oder die Ärzte, oder war es nur Zufall? Und was ist mit jenen Eltern, deren Kind nicht gerettet werden kann und stirbt?

Ich bin überzeugt: Gott hat unsere Tochter durch die Ärzte gerettet. Gott hat keine anderen Hände als unsere Hände. Aber ich habe Gott vor mir gespürt wie eine starke Kraft, die mir Halt gibt und mich tröstet. Ich habe Gott intensiv vor mir gespürt: Ich weiß, er umgibt mich und hält mich wie ein guter

Vater, wie eine gute Mutter in den Armen. Nie werde ich diese Situation vergessen. Unsere Tochter ist heute gesund und Mutter von zwei Kindern. Umso mehr denke ich an die Familien, bei denen es anders ausgegangen ist.

Ich bin dankbar, dass ich Beten kennengelernt habe. Beten ist eine Kompetenz, die ich in meinem Leben in ganz unterschiedlichen Situationen brauche. Es gibt so vieles, wofür wir Gott danken und ihn loben können, aber immer wieder gibt es dunkle Erfahrungen, in denen wir uns nicht anders zu helfen wissen, als ihm zu klagen, ihn anzuklagen oder verzweifelt zu verstummen.

Wenn ich als Notfallseelsorger zu einer Familie gehen muss, um die Nachricht zu überbringen, dass der junge Vater tödlich verunglückt ist – was soll und kann ich spirituell Sinnvolleres tun, als mich selbst erstmal auf dem Weg dorthin Gott anzuvertrauen? Und dann gemeinsam mit den Kindern und der Ehefrau zu schweigen, Gott zu klagen.

Ich sehe noch die beiden Kinder fröhlich vor dem Haus spielen, sehr wohl wissend, dass sie gleich heftig weinen werden. Bewusst bleibe ich noch eine Viertelstunde im Auto, um ihnen einige Minuten des unbeschwerten Spiels mehr zu ermöglichen ... Als ich nach Stunden die inzwischen zusammengekommene Großfamilie einlade, für den Verstorbenen ein Vaterunser zu beten, schließen die meisten die Augen und beten um die brennende Kerze herum.

Bei den Mönchen auf dem Berg Athos in Griechenland habe ich gelernt, immer wieder vor mich hinzusprechen: »Jesus Christus, erbarme dich meiner.« Mit diesem Jesus-Gebet schlafe ich abends ein, es oft still vor mich hin wiederholend – mich der Welt Gottes anvertrauend. Meiner Oma Josephine, meinen Eltern Anton und Martha Biesinger bin ich bis heute dankbar, dass sie mich Beten gelehrt haben.

Menschen, die beten können, sind im Vorteil. Sie haben die Möglichkeit, über die innerweltlichen Schubladen hinaus zu denken und zu fühlen. Sie haben in Gott ein Gegenüber und eine Ansprechperson, die immer da ist. Wer Kinder beten lehrt, erschließt ihnen eine grundlegende Kompetenz fürs Leben – für helle und dunkle Zeiten und nicht zuletzt auch für den letzten Gang durch den Tunnel des Todes.

Zu Gott beten ist wie ein unerschütterlicher Kompass, der durchs Leben führt. Beten bringt Ausrichtung unseres Lebens auf das große Ziel unseres Lebens: auf Gott.

10. Wie Sie sich als Familie mit Kita, Schule und Gemeinde verbinden können

Der Kindergarten Sankt Michael feiert den Familiengottesdienst mit zum Thema »Jesus macht die Kinder stark«. Zu Beginn fragt die Leiterin den fünfjährigen Michael: »Michael, was ist für dich ein starkes Kind?« Er deutet auf seine Oberarme und auf seine Muskeln und sagt: »Nicht hier.« Dann zeigt er auf seinen Kopf: »Hier!« Alle in der Kirche haben innerhalb von Sekunden die Botschaft verstanden: Konflikte lösen, ohne sich zu schlagen, sondern mit Überlegung. Umkehr, die auch Erwachsenen guttut: Erst denken, dann handeln.

Kinder und Gottesdienst, das müssen keine getrennten Welten sein: gemeinsam singen, kurze Phasen eines geführten Schweigens, um den Altar stehen, sich die Hände beim Vaterunser reichen, eine Prozession zur Gabenbereitung, ein kurzes Anspiel einer biblischen Szene, mit Kindern formulierte und vorgetragene Fürbitten, ein wichtiges Bild im Altarraum. Es ist Flexibilität und Kreativität gefragt. Aber manches kann man lernen.

Ich kenne Gemeinden, in denen (wieder) mehr junge Eltern und Kinder zum Sonntagsgottesdienst kommen. Diesen Eltern geht es darum, ihre Kinder bei dem Abenteuer der Gottsuche zu unterstützen und gemeinsam den Sonntag zum heiligen Tag der Woche zu machen, indem sie zusammen Gottesdienst feiern und sich Gott anvertrauen. Für die Gemeinde als Gottesberührung vor Ort darf es gar keine Frage sein, sich mit den Kindern und Eltern zu solidarisieren und mit ihnen gemeinsam den Weg durch die Höhen und Tiefen des Lebens zu gehen.

Am Beginn des Kindergartenjahres und zu wichtigen Festen wie St. Martin, Elisabeth von Thüringen, Nikolaus, Lichtmess, Erntedank u. a. bieten sich familienorientierte Liturgien auch für religiöse Erlebnisse und reflektierte Erfahrung geradezu an. Kinder und ihre Eltern können dem Geheimnis des Lebens näherkommen, wenn sie Gottesdienste erleben können, die ihnen große Visionen für ihr Leben aufschließen.

Im Kindergarten ist Projektorientierung eine Selbstverständlichkeit. Einmal pro Halbjahr ein »Liturgieprojekt« zu entwickeln, kann Farbe und Tiefgang geben, wenn ein gemeinsam von Kindern, Eltern und pädagogischen Fachkräften vorbereiteter Gottesdienst gemeinsam mit »den Großen« gefeiert wird.

Dass es in manchen Gemeinden »Machthabergruppen« gibt, die es möglicherweise stört, wenn Kinder einen so breiten Raum in Gottesdiensten einnehmen, ist kein Grund, nachzugeben. Wenn eine bestimmte Gruppe so egozentrisch ist, dass Gottesdienste nur so gefeiert werden dürfen, wie sie es als Erwachsene wollen und es ihnen aufgrund ihrer eigenen Biografie gefällt, und wenn dadurch Kinder ausgegrenzt werden, ist ein entschiedener Klärungsprozess fällig. Solche Konflikte können in Gemeinden auch sehr produktiv sein.

Die zentrale biblische Situation und Kommunikationsqualität zwischen Jesus und Kindern ist mehr als eindeutig: Er heißt sie mit offenen Armen willkommen (Markus 10,13–16). Das weltberühmte Bild »Christus und die Kinder« von Emil Nolde lässt die Kinder in der Begegnung mit Jesus in kräftigen Farben geradezu aufleuchten. Ebenso ihre Mütter. Die Jünger Jesu sind als dunkle Gestalten gemalt, weil sie ganz offensichtlich diesen Teil der Botschaft Jesu noch gar nicht begriffen haben und den Kindern den Weg zu Jesus verbauen. In so mancher Gemeinde gibt es diesen Typus von »Jüngern« und »Jüngerinnen« bis heute ...

Eltern wünschen für ihr Kind das Beste. Viele Eltern wünschen sich Segen für ihr Kind. Segen kann man nie genug haben. Besonders an Lebensübergängen, dort, wo sich Veränderungen abzeichnen, wünschen wir uns Segen, denn wir haben das Leben nicht einfach »im Griff«. Wir hoffen, dass Gott das Seine hinzu tut, damit unser Leben gut wird und gelingt. Deshalb erbitten auch viele Eltern für ihr neugeborenes Kind die Taufe, um es so in die Beziehung Gottes zu stellen.

Ein großer Einschnitt für Eltern und Kinder ist der erste Kindergarten- und der erste Schultag. Das

Kind geht für einen Teil des Tages bereits seinen eigenen Weg. Die Eltern sorgen ab diesem Tag nicht mehr allein für ihr Kind. Die Segnung der Kinder im Rahmen eines Wortgottesdienstes im Kindergarten, zu dem Eltern und Großeltern der Kinder mit eingeladen sind, kann ein unvergessliches Erlebnis werden.

Das kann ich aus eigener Erfahrung bestätigen: Am Ende des Kita-Jahres lädt die Leiterin mich ein, die Kinder, die nach den Sommerferien in die Grundschule kommen, in einem Wortgottesdienst zu segnen. Der größte Raum des Kindergartens ist so voll wie sonst nie. Die Kinder sitzen im großen Kreis. Jeweils hinter ihnen sind ihre Familien. Ich segne jedes Kind einzeln. Das Gebet zu Gott geht Kindern und Eltern in dieser Situation nahe. Wer hätte nicht die Sehnsucht nach Schutz, Behütung und Geborgenheit für sein Kind und sich selbst an diesem Übergang in die Schule?

Kindertagesstätten sollten sich Schritt für Schritt zu Eltern-Kind-Zentren – zu »Familienzentren« – weiterentwickeln. Entwicklungspsychologisch ist es reichlich kurzsichtig, sich lediglich um die Kinder zu kümmern und nicht gleichzeitig auch um die Familien, in denen sich ihr tägliches Leben und Glauben abspielt.

Angesichts der multikulturellen Situation sind nicht nur für Kindertagesstätten in kirchlicher Trägerschaft weiterführende Überlegungen fällig. Ein Beispiel: In einem Kindergarten ist ca. ein Drittel der Kinder muslimisch. Dass hier liturgische Anlässe wie die oben angeführten mit großer Sensibilität zu gestalten sind, ist selbstverständlich. In vielen Situationen führt diese Ausgangslage jedoch dazu, religiöse Themen überhaupt aus dem Kindergartenalltag herauszunehmen, um die muslimischen Familien angeblich nicht zu irritieren. Unter religionspädagogischen Gesichtspunkten ist dies fragwürdig und inkonsequent. Gerade weil es für die nachwachsende Generation diese interkulturellen und interreligiösen Herausforderungen zu bewältigen gilt, ist es umso wichtiger, dass sie schon als Kinder lernen, andere auch in der Andersartigkeit ihres religiösen Weges wahrzunehmen, zu respektieren, zu würdigen und im Dialog dennoch selbstbewusst den eigenen Weg zu suchen. Für muslimische Kinder ist es wichtig, dass sie die Bedeutung der christlichen Feste verstehen lernen, wenn sie in unserer Gesellschaft leben. Christliche Kinder und ihre Eltern sollten aber auch verstehen lernen, was »Ramadan« meint, wie sich Muslime Gott vorstellen und wie sie ihre religiösen Feste feiern. Dass muslimische Kinder mit ihren Eltern das Kirchengebäude vor Ort besichtigen und christliche Kinder die Moschee besuchen können, kann für beide Gruppen zu einem horizonterweiternden Erlebnis werden.

Die Alternative, in Kitas die religiösen Profile abzuschleifen, damit man sich religiös nicht in die Quere kommt, ist ein völlig falsches Signal. Wichtiger ist vielmehr, Profil zu zeigen und sich auf der

Basis von Unterschieden und Gemeinsamkeiten zu verständigen. Man tut Kindern und Eltern keinen Gefallen, wenn man die religiöse Verständigung ausgrenzt. Langfristig kann dies sogar gefährlich sein, weil damit Potenziale von Rückzug, aber auch Spott und Feindseligkeit entstehen können. Für die nächsten Jahre ist es die große Herausforderung für die Bildungsarbeit, die »Störungen« zu bearbeiten, die sich im multikulturellen und interreligiösen Bereich abzeichnen. Dabei darf es nicht zu »Übergriffen« kommen, etwa dass muslimische Kinder einfach in christliche Liturgieprojekte integriert oder mit einem Kreuzzeichen gesegnet werden.

Aber es hat sich ja längst pädagogisch herumgesprochen, dass man durch »innere Differenzierung« die einen Kinder für zwei Wochen an einem alternativen Projekt teilnehmen lassen kann, während die anderen Kinder ein anderes religiöses Projekt realisieren. Gegenseitige Gastfreundschaft kann Kinder aber religiös und interreligiös sehr interessieren und ihnen guttun.

Kinder gewinnen religiöse Orientierung an den verschiedenen Lernorten ihres Lebens. Was Ihnen in Ihrer Familie wichtig ist, können Sie auch in den Kindertagesstätten thematisieren. Was in den Kindertagesstätten an religiöser Förderung für Ihr Kind entsteht, sollte auch in der Familie ernst genommen und entsprechend weitergeführt werden. Junge Familien können am ehesten dazu beitragen, dass die Pfarrgemeinden familienfreundlich werden oder bleiben.

11. Wie Sie sich und Ihr Kind in Kontakt mit Jesus bringen können

Im Markusevangelium wird eine wunderbare Geschichte von Jesus erzählt: »Und sie brachten Kinder zu ihm, damit er sie festhalte. Aber die Jünger herrschten sie an. Jesus sah es, entrüstete sich und sprach zu ihnen: Lasst die Kinder zu mir kommen, wehrt ihnen nicht. Denn ihresgleichen ist das Königtum Gottes. Wahr ist's, ich sage euch: Wer nicht wie ein Kind das Königtum Gottes aufnimmt, kommt nimmermehr hinein. Dann schloss er sie in die Arme, und die Hände auf sie auflegend, sprach er den Lobpreis über sie« (Mk 10,13–16 nach der Übersetzung von Fridolin Stier).[18]

Jesus sind die Kinder wichtig, bei ihm sind sie wer. Dieser Bibeltext birgt eine große Vision. Ich habe ihn bewusst ausgewählt, um zu zeigen, dass es wichtig ist, Kinder in unserer Gesellschaft, Kinder

---

Der brennende Dornbusch

Gott spricht im Feuer: Offenbarung.
Mysteriös hintergründiges Schimmern der unsichtbaren Flamme.
Lebensvoll – erdfarben und blau in allen Façetten.
Ein Netz neuer Wege.
Wegkreuzungen im Licht verschiedener Hoffnungen.

auf ihrem Weg zu (und vor allem: mit) Gott in die Mitte zu nehmen – auch die vielen Kinder, die in unserer Gesellschaft erst gar nicht ins Leben kommen dürfen.

Es ist eine ganz besondere Begegnung zwischen Jesus und den Kindern. Jesus nimmt die Kinder auf seine Arme und segnet sie. Er gibt ihnen jenes Grundvertrauen mit, das sie brauchen für das Leben in dieser Welt mit ihren Begrenzungen, Nöten und Zusammenbrüchen. Er gibt ihnen das Gefühl der Zugehörigkeit: Sie gehören zu Gott. Umso dramatischer ist es, wenn in unserer Gesellschaft immer mehr Kinder in ihren Familien so erzogen werden, als ob es Gott gar nicht gäbe.

Viele Eltern wissen nicht recht, wie sie ihr Kind religiös erziehen sollen. Dabei ist religiöse Bildung nichts, was man »auch noch« zusätzlich und als Zusatz-Stress tun sollte. Religiöse Bildung ist kein Zusatzaufwand. Sie spiegelt sich, wie bereits beschrieben, oft in kleinen alltäglichen Gesten und Ritualen: am Abend am Bett des Kindes eine Geschichte aus der Bibel vorlesen, mit den Kindern den Tag durchgehen und ihn anschließend Gott anvertrauen. Sich zu versöhnen, Kinder nicht unversöhnt einschlafen zu lassen, ist etwas ganz Wesentliches.

Jesus, so heißt es in der Erzählung, nimmt die Kinder in die Arme. Was kann einem Kind Besseres passieren, als dass es liebevoll in die Arme genommen wird?! Dass ihm der Segenswunsch über den Kopf gestrichelt wird: »Du bist wichtig, du bist bei mir unbedingt erwünscht. Bei mir geht es dir gut« – so die große Verheißung Jesu für die Kinder.

Wenn ich die gesellschaftliche Situation anschaue, dann mache ich mir keine Illusionen. Wie sollen wieder mehr Kinder ins Leben kommen, wenn sich in unserer Gesellschaft nichts ändert, wenn Industrie und Wirtschaft nicht mehr Rücksicht auf Familien nehmen, damit Männer und Frauen Familie und Beruf besser unter einen Hut bekommen? Für die Zukunft einer Gesellschaft sind Kinder das Wichtigste. Kinder sind die große Gabe Gottes. Wenn eine Gesellschaft nicht mehr so viel Zuversicht und Zukunft bietet, dass Eltern bereit sind, einem Kind das Leben zu schenken, dann muss man sich fragen, wohin die Reise geht ...

Ob wir älter oder jünger sind, ob wir Mutter oder Vater sind, ob wir keine Kinder haben oder schon Oma und Opa sind – in irgendeiner Weise tragen wir Verantwortung, Kinder in dieser Welt zu begleiten, ihnen eine Perspektive zu geben, sie ins Herz zu schließen. Nicht nur die eigenen Kinder, sondern andere Kinder unserer Gesellschaft ebenso. Egal, welche Hautfarbe sie haben, egal, welche Sprache sie sprechen – sie sind die Kinder unserer Gesellschaft und wir haben Verantwortung für sie.

»Wenn ihr nicht werdet wie die Kinder, dann habt ihr von Gott nichts begriffen.« Ich habe oft darüber meditiert, was dieser Satz bedeutet: Die Kinder sind noch viel durchlässiger auf das Göttliche hin als wir Erwachsenen, die wir schon in die Schubladen der

Gesellschaft hineingeschoben sind. Kinder sind noch näher an ihrem Ursprung, viel empfänglicher und sensibler für Gott. Vielleicht ist das der Grund, warum Jesus sagt: »Wenn ihr nicht werdet wie sie ...« – nämlich durchlässig auf Gott hin, so vertrauend auf Gott, wie ein Kind sein kann – »dann habt ihr von Gott nichts begriffen«. Jesus stellt die Kinder als Vorbild hin mit ihrem riesigen Vertrauen zu Gott. Wie Kinder die Arme ausstrecken, wenn Papa oder Mama heimkommt oder die Oma zu Besuch kommt, wie sie einem entgegenrennen, so sollen wir Gott die Arme entgegenstrecken, uns öffnen, ihm vertrauen und nicht alles selbst machen wollen. Wir dürfen uns retten lassen: Du musst dich nicht selbst retten. Jesus meint, wenn ihr auf ihn zukommt und euch von ihm in die Arme nehmen und euch segnen lasst, dann gehört auch euch Gott.

Lassen Sie sich von Jesus über den Kopf streicheln. Er ist der, der Sie über den Tod hinaus nicht im Stich lässt. Er ist nicht der, der uns vor allem Leid und vor dem Tod bewahren kann. Er musste ja selbst auch durch den Tod und des Leid hindurchgehen. Aber Jesus geht nicht weg, wenn es dunkel wird. Dieses Vertrauen, sich von Jesus wie ein Kind in die Arme nehmen zu lassen, wird auch Ihnen in Zeiten der Dunkelheit Kraft geben.

Mir hat es schon oft Kraft gegeben. Wenn ich als Diakon mit Tränen in den Augen hinter Särgen hergegangen bin, auf Intensivstationen Kranke besucht habe und mir vor lauter Schmerz als Notfallseelsorger die Sprache wegblieb – und ich doch stark sein konnte.

Jesus weinte, als er den voller Kummer weinenden Verwandten seines verstorbenen Freundes Lazarus begegnete (vgl. Johannesevangelium 11,33.35). In diesen Situationen ist es hilfreich, die Menschen in großer Not Gott anzuvertrauen, sich ihm aber auch selbst anzuvertrauen.

Der christliche Weg streitet die Grenzen, Zusammenbrüche und auch die Verzweiflung in den verschiedenen Lebenssituationen nicht ab. »Mein Gott, mein Gott, warum hast du mich verlassen ...«, ruft der Gottessohn Jesus in seiner Todesnot (vgl. Markusevangelium 15,34). Warum sollte es uns anders gehen als ihm? Gerade weil das Leid nicht tabuisiert wird, steckt der christliche Weg voller Verheißungen; er bietet Lebensqualitäten mit einem weiten Horizont. Wer auf die großen Verheißungen Gottes vertraut, orientiert sich nach vorn, schreitet nach vorn in die Zukunft, ist »pro-gressiv«. Dieser Begriff kommt vom lateinischen Wort »progredi« – nach vorn schreiten.

Es ist eine andere Idee von Leben, wenn wir den Gottesverheißungen trauen und uns vom Licht Gottes gerade auch in der Dunkelheit des Lebens durchdringen lassen. Sich wie die Kinder von Jesus umarmen zu lassen, das schafft Zukunft.

Als junge Eltern sind Sie wichtig, damit das Wort Jesu »Lasst die Kinder zu mir kommen ...« auch in Ihrer Umgebung für Ihre Kinder und die Kinder anderer Menschen Realität wird und bleibt. Kinder sind darauf angewiesen, dass ihre Eltern ihnen den Weg in die Jesus-Beziehung öffnen. In der Begegnung mit Jesus leuchten die Kinder auf – aber nicht nur die Kinder; in der Begegnung mit Jesus leuchten auch die Eltern auf. Uns Erwachsenen stellt Jesus die Kinder als Vorbild vor Augen. In der gemeinsamen Begegnung mit Jesus bekommt auch unser Leben als Eltern seinen tiefsten Sinn.

12. Wie Sie im Alltag füreinander Engel sein können

Es ist nicht zufällig, dass Sie zu einer Familie geworden sind. Es sind Wegkreuzungen, Entscheidungen, Zusagen und gemeinsame Hoffnungen, auf die Sie gesetzt haben und setzen. Vieles ist nicht zufällig in unserem Leben. Es kommt immer darauf an, von wem es uns zufällt und wer dazu beiträgt und entscheidet, was wir tun, korrigieren und verändern: Wir handeln im Angesicht Gottes.

Manchmal denke ich: Wie kann Gott es aushalten mit uns Menschen, wenn die Menschheit sich in Krieg, Hass, Zerstörung und Bösartigkeit so verhält, wie sie es bisweilen tut? Wir können nicht einfach alle unsere Entscheidungen Gott in die Schuhe schieben.

Wir kommen um die Frage nicht herum, ob wir zum »Be-Reich Gottes« oder zum »Be-Reich des Bösen« gehören wollen. Die Einladung, für einander Engel zu sein, führt uns zur Entscheidung für den Be-Reich Gottes. Umso mehr stellt sich uns dann aber die Frage, wie dies konkret im Alltag gehen soll:

- Auf die leisen Töne im Alltag hören, die Ihr Kind als Botschaft an Sie weitergibt: eine Erkenntnis des Kindes oder eine spezielle Bitte.

- Auf die leisen Töne hören, wenn Sie Ihrem Kind Grenzen setzen müssen.
- Auf die leisen Töne hören im Blick auf eigene Bedürfnisse als Vater und Mutter – selbst einmal wieder zur Ruhe kommen und Entlastung finden, auch gegenseitig darauf achten, sodass wir immer wieder auch zu uns selbst kommen, merken, was der Partner oder die Partnerin braucht, um ein guter Vater oder eine gute Mutter sein zu können.
- Sich über die gemeinsamen Ziele in Ihrer Familie verständigen, was Ihnen guttut und was Ihnen nicht guttut. Das kommt immer auch Ihrem Kind zugute.
- Wer es mit Kindern gut meint, muss ihre Eltern stärken. Und: Die Eltern müssen sich *selbst* stärken, um entsprechend für ihre Kinder verlässlich und vor allem liebevoll da sein zu können. Nehmen Sie sich eine Auszeit – einen Tag in der Woche oder wenigstens einen Abend. Natürlich muss man das gut planen. Wenn Sie auf diesem Weg die Möglichkeit haben, Kraft zu schöpfen, kommt immer wieder ein Leuchten in die Augen und kehrt die Freude am Vatersein und Muttersein zurück. Im Blick auf die eigenen Bedürfnisse ist es für Eltern sehr wichtig, nicht in Burnout-Situationen zu kommen, wo sie dann so ausgebrannt sind, dass sie gar nicht mehr kompetent und wachsam auf ihr Kind eingehen können.
- Aufeinander hören, miteinander oder mit den Kindern sprechen – über Ihre Gefühle, die Kon-

flikte, auch darüber, wie es im Kindergarten oder in der Schule wirklich zugeht. Dann verstehen Sie als Eltern schneller einen Hilferuf wie diesen: »In dieser Klasse muss ich noch viele Jahre aushalten ...« Wenn Kinder das Gefühl haben, mit solchen Hilferufen bei ihren Eltern sowieso nicht landen zu können, verstummen sie.

- Aber auch Sie selbst als Eltern brauchen Wege, »füreinander zu sein« und nicht nur »für andere da zu sein«. Sich Hilfe zu holen und sich helfen zu lassen ist oft schwerer, als zu helfen!

- Auch in Konflikten für einander da sein. Eine konfliktfreie Scheinwelt, in der alles nur gut ist, verwehrt weitere Entwicklungen und Veränderungen. Oft wird solch eine scheinbar konfliktfreie Familiensituation mit Unterordnung, Anpassung und Unfreiheit Einzelner erkauft. Wer wirklich auch anderen Raum zur Entfaltung lässt, muss sich immer wieder selbst zurücknehmen und sich auch einschränken. Kinder lernen an der Art und Weise, wie Konflikte angesprochen, verdrängt, offen gelöst werden oder sich möglicherweise als unlösbar erweisen, Entscheidendes für ihr künftiges Leben: Nicht nachtragend sein, wenn es in Diskussionen oder in Konflikten mit Kindern mal heiß hergeht oder wenn Worte fallen, die besser nicht gefallen wären. Sich entschuldigen, wenn es verletzend gewirkt hat.

Wie Konflikte in der Großfamilie gelöst werden können bzw. wie »Reibungspunkte zwischen Eltern, Großeltern und Kindern durch eine liebevolle und reflektierte Alltagskommunikation gemeistert werden können«, erfahren Sie im Buch »Wenn die Enkelkinder nach Gott fragen. Eine Ermutigung für Großeltern« (Albert Biesinger und Julia Biesinger, Stuttgart 2016). Hier können Sie auch Anregungen finden, die Großeltern als wertvolle Begleiter in die religiöse Bildung Ihrer Kinder miteinzubeziehen.

Als Eltern sind Sie geradezu Modell für die Möglichkeiten einer konstruktiven Konfliktlösung oder einer Konfliktverweigerung. Natürlich muss nicht jeder Konflikt zwischen Ihnen als Paar vor den Kindern ausgetragen werden, aber es muss auch nicht so sein, dass die Kinder nicht merken dürfen, was die Eltern gerade diskutieren und zu lösen haben. Oft ist es für Kinder gefühlsmäßig wichtiger, teilzunehmen an dem, was die Mutter oder den Vater gerade bedrückt und beschäftigt, als wenn dies zwar durch alle Poren zu spüren ist, das Kind aber lediglich seine Fantasien entwickelt und vielleicht sogar die Schuld bei sich selber sucht. Wenn Sie mit Ihrem Kind Konflikte lösen, muss dies so geschehen, dass sein Selbstbewusstsein, seine Würde und seine Selbstachtung nicht angetastet werden. Konflikte kann man eingrenzen. Sie sind thematisch anzusiedeln: Fernsehen, Computerspiele, Smartphone, abends ins Bett gehen, Hausaufgaben machen, im Haushalt mithelfen ... Wenn das Thema besprochen ist, muss es auch wieder gut sein und das Kind muss das Gefühl haben können, dass die Luft wieder »rein« ist und es nicht zu einem andauernden Grauschleier für die Eltern-Kind-Beziehung kommt.

Religiöse Bildung – und Erfahrung – erschließt: Du bist bei Gott unbedingt erwünscht. Dies ist die Basis, auf der Kinder sich und ihre Gottesbeziehung weiterentwickeln können. Forschungen zur religiösen Erziehung zeigen, dass sie nachhaltig sein wird, wenn Kinder ihre Eltern als liebevoll, zugewandt und Vertrauen aufbauend erleben konnten. Dies spricht gegen autoritäre Methoden in der religiösen Erziehung. Viele Menschen distanzieren sich im Nachhinein umso mehr von ihrer selbsterlebten religiösen Bildung, je mehr sie ihnen eingetrichtert und autoritär aufgedrängt wurde.

Verlangen Sie von Ihrem Kind allerdings auch Respekt vor Ihren eigenen Bedürfnissen, etwa nach Ruhe, nach einem Abend, in dem Sie zu zweit weggehen und ein Babysitter kommt. Sie tun Ihrem Kind nichts Gutes, wenn es nicht lernt, auch Grenzen zu respektieren. Jan-Uwe Rogge weist in seinem lesenswerten Buch »*Das neue* Kinder brauchen Grenzen« (Reinbek 2008) eindringlich darauf hin.

Sie sind für Kinder umso mehr Engel am Wege, wenn Sie auch Respekt und die Einhaltung von Grenzen erschließen und dadurch verhindern, dass aus Ihrem Kind »ein kleiner Tyrann« wird und sich und anderen das Leben schwer macht.

Schauen Sie über den Tellerrand hinaus, in Ihre

nächste und weitere Umgebung oder Umwelt. »Hauptsache, meiner Familie geht es gut« – angesichts der Weltlage, Millionen Menschen haben kaum Trinkwasser, keine ausreichende sanitäre Versorgung, hungern – ist es geradezu ein Hohn, wenn wir uns in unseren Familien darauf fixieren, bei den neuesten Modeerscheinungen dabei zu sein. Dabei gibt es so viele Familien, die unsere Unterstützung und Solidarität brauchen! Auch schon kleine Kinder können anderen Kindern in armen Gegenden »Engel am Wege« sein. Ich habe es selbst erlebt: Mein damals fünfjähriger Enkel gab mir den kompletten Inhalt seiner Sparbüchse mit nach Peru, damit ich dort armen Kindern, die nichts zu essen haben, Äpfel kaufe, denn: »Äpfel sind gesund« – so seine Denkweise damals. Es konnte für ihn einfach nicht sein, dass Kinder nichts zu essen haben. Ich habe dann in den Anden bei der Einweihung eines Kindergartens jedem Kind einen Apfel überreicht.

Dass Kinder auch bei uns in manchen Familien zum Armutsrisiko werden, ist ein Skandal. Wir leben nicht in einem armen Land, und doch gibt es viele Kinder, die hungrig in die Schule kommen. Für alle Kinder aus armen Familien wenigstens einmal am Tag ein kostenloses Schulessen zu ermöglichen, ist das Mindeste, was sich unsere Gesellschaft einfallen lassen muss. Kinder können schließlich nichts für die sozialen Probleme, in die sie hineinwachsen. Oft – nicht immer – können Eltern etwas für ihre Kinder.

Eltern sind Schicksal für ihre Kinder

Kinder können nichts für ihre Eltern. Umso mehr gilt: Wer Kindern helfen will, muss ihre Eltern unterstützen, begleiten und ihnen Perspektiven und Stabilität ermöglichen. Geholfen ist Kindern erst, wenn es »Engel am Wege« für ihre Familien gibt. Dies gilt für mich auch weltweit: Seit vielen Jahren begleiten mich die Bilder von Kindern in Lateinamerika, die in Holzverschlägen auf dem Boden liegen, in feuchten und ekligen Hütten von Ratten angebissen – und ich kann sie nicht herausholen. Ich gehe eines Abends in Lima (Peru) zurück in mein Quartier. Auf dem Mittelstreifen einer sechsspurigen, vielbefahrenen Straße sitzt ein ungefähr vierjähriges Mädchen mit ihrem zweijährigen Bruder – mutterseelenallein, im wahrsten Sinn des Wortes. Ratlos bleibe ich stehen. Ich kann und darf die beiden Kinder ja nicht einfach mitnehmen, es würde riesige politische Verwicklungen geben. Ich spreche peruanische Passanten an, sie gehen kopfschüttelnd weiter. Noch immer sitzen diese Kinder allein auf dem Mittelstreifen, bis ich ihnen an einem der Straßenstände etwas zu essen kaufe. Auch die Polizei kümmert sich nicht. Ich muss sie zurücklassen ...

Was ist das für eine Welt, die Kinder – die Gabe Gottes an die Menschheit und die Gabe Gottes an die Zukunft sind – so behandelt? Auch dass Kinder so oft gar nicht erst ins Leben kommen dürfen, ist ein Skandal. Ich würde heute dieses Buch nicht schreiben, wenn meine Eltern mich in der Nachkriegszeit abgetrieben hätten. Viele Kinder, Frauen, Männer würden heute nicht leben, wenn es nicht um schwangere Frauen in Notsituationen herum »Engel am Wege« gegeben hätte. Ein Beispiel: Eine Frau ist mit dem ersten Kind schwanger. Ihr Mann droht, sie zu verlassen, wenn sie das Kind nicht abtreibt. Ein Kollege sitzt die halbe Nacht in seinem Wohnzimmer und stärkt ihr den Rücken: »Sie werden es schaffen, auch ohne Ihren Mann ...« Es geht um Leben und Tod – diese Frau hatte nämlich für den nächsten Tag bereits einen Termin in einer Abtreibungsklinik festgelegt. Später wird diese Frau über ihr einziges Kind sagen: »Er ist mein Engel.« Vor kurzem ging der Junge mit strahlenden Augen zur Erstkommunion.

Alle brauchen »Engel am Wege«. Manchmal sind sie bereits postiert und zeigen uns als eine innere Stimme, wohin die Reise gehen soll, was sinnvoll ist und was zerstören würde.

Es ist kein Zufall, dass wir Menschen gerade in dieser konkreten Region zu dieser Zeit miteinander leben.
Unsere Kinder sind uns – wenn man tiefer denkt und fühlt – von Gott anvertraut. Sie sind seine und unsere Kinder. Wir sind für sie viele Jahre »Engel am Wege«, aber sie sind es umgekehrt genauso für uns. Eltern brauchen Spiritualität. Der innerste Kern einer Elternspiritualität ist: *füreinander Engel sein*.

Zu den Bildern in diesem Buch

Gott können wir Menschen nicht nur in Worten wahrnehmen. Wir können Gott auch in Farben »sehen« und unsere eigene Beziehung mit ihm in Farben und Formen ausdrücken.[19] Das Bild »Hell gegen Dunkel« am Anfang des 1. Kapitels gibt davon exemplarisch Zeugnis. Viele Wochen saßen wir auf der Krebsstation am Krankenbett unserer – heute gesunden – Tochter und machten uns Hoffnung im Auf und Ab des dramatischen Krankheitsverlaufs. Im Kern des Bildes ist Licht. Es breitet sich nach allen Richtungen aus, durchdringt die Dunkelheit und vertreibt sie. Dennoch bleiben dunkle Momente. Ein Durchbruch von Licht wäre bei ausschließlich Licht nicht mehr wahrnehmbar. Es würde blenden und seiner Funktion beraubt. Die Polarität von Licht und Dunkel ist für uns Menschen nicht nur physikalisch elementar, sie hat auch psychische und nicht zuletzt auf ganz elementare Weise religiöse Bedeutung.

»Ich bin das Licht der Welt ...«, sagt Jesus über sich selbst. Und wir beten: »Das ewige Licht leuchte dir ...« Unser Weg geht nach vorn in das Licht Gottes, das uns gerade in der Spannung zum Dunkel unseres Lebens als Sehnsucht und Hoffnung bleibt. Einige dunkle Segmente sind zwar bereits vom Licht eingerahmt, aber bleiben mit ihrer Botschaft. Man kann die Dunkelheit nicht wegradieren, aber mit dem Licht in Kontakt bringen. In den Ecken kann sich das Licht nur ansatzhaft durchsetzen. Auch dies ist eine spirituelle Botschaft.

Das Leben in seinen verschiedenen Farbschattierungen mit seinen verschiedenen Bausteinen, all das spiegelt sich in den Bildern. Patchwork ist eine kreative Kunst. Sie komponiert Farbenstücke und gibt ihnen damit eine besondere Präzision, Hervorhebung und Bedeutung. Textile Kunst galt lange als Handwerk und nicht als Kunst. Es wurden ursprünglich Textilien zum täglichen Gebrauch hergestellt. Heute wird Patchwork auch als individuelle, künstlerische Tätigkeit verstanden.

Im Unterschied zu gemalten Bildern ist ein Bild aus Stoffen fühlbar. Es bietet Höhen und Tiefen und verbindet auch die Strukturen der Stoffe. Ein solches Bild hat Nähte und Erhebungen. Stoffe unterschiedlicher Art, Form und Farbe werden auseinandergeschnitten und kunstvoll wieder zusammengesetzt.

Unser Leben ist oft wie Patchwork – zusammengesetzt aus hellen und dunklen Flecken, Höhen- und Tiefpunkten, Blockaden und Durchbrüchen, ein Feuerwerk aus zusammengenähten Erfahrungen, tragischen und erfreulichen Kompositionen in Licht und Dunkel. Alles ist Stückwerk, auch religiöse Erziehung.

Die armen, teilweise weit vereinzelt lebenden Nomaden schenkten sich bei Besuchen gebrauchten

Stoff oder Stoffstreifen. Wenn die Frauen keine Stoffe besaßen, rissen sie sich ein Stück aus dem Saum, um sie zu verschenken. Die Beschenkten wurden damit unter den Schutz der Schenkenden gestellt: »Du bist unter meinem Schutz, wenn du mein Kleid trägst.«[20]

Die Bilder dieses Buches verstehen sich als »Engel am Wege«; sie sind Ausdruck des Wunsches, aber auch der Erfahrung, unter dem Schutz Gottes zu leben – gesegnet und von Gott umhüllt im Auf und Ab des Lebens.

Gott haut nicht ab, wenn es dunkel wird.

*

Am Ende dieses Buches danke ich herzlich meiner Frau Beate Biesinger. Sie hat gemeinsam mit unseren vier Kindern und mir kreativ Wege der Gottesberührung angeregt und praktiziert. Mit ihren Quilts ist sie zu einer Botschafterin für spirituelle Suchprozesse in Familien geworden.

Ebenfalls danke ich meiner Schwiegertochter Julia Biesinger, die als Diplom-Psychologin wesentliche Anregungen und praxistaugliche Hinweise in dieses Buch eingebracht hat.

Albert Biesinger

Literatur zum Weiterlesen

Albert Biesinger unter Mitwirkung von Reinhold Boschki und Bernd Jochen Hilberath: Gottesberührung – Wie Katechese Zukunft hat. Erfahrungen – Modelle – Ermutigungen, Ostfildern 2018.

Albert Biesinger / Herbert Bendel / Barbara Berger / David Biesinger / Jörn Hauf: Gott mit neuen Augen sehen. Wege zur Erstkommunion. Familienbuch, München 2017.

Albert Biesinger / Herbert Bendel / Barbara Berger / David Biesinger / Jörn Hauf: Gott mit neuen Augen sehen. Wege zur Erstkommunion. Für die Kindertreffen – Leitfaden, München 2017.

Albert Biesinger / Julia Biesinger, Wenn die Enkelkinder nach Gott fragen. Eine Ermutigung für Großeltern, Stuttgart 2016.

Albert Biesinger / Julia Biesinger, Kindern Grundvertrauen und Orientierung geben. Ein Elternbegleiter durch den Erziehungsalltag, Ostfildern 2017.

Albert Biesinger / Lisa Biesinger / Eilika Mühlenberg: Wir gehen zur Kirche. Mein Messbuch, Freiburg 2017.

Albert Biesinger / Gunther Klosinski: Zweifel an Gott. Kleines agnostisches Kompendium, Freiburg 2017.

Albert Biesinger / Helga Kohler-Spiegel: Woher, wohin, was ist der Sinn? Die großen Fragen des Lebens: Kinder fragen – Forscherinnen und Forscher antworten, München 2011.

Albert Biesinger / Helga Kohler-Spiegel: Gibt es ein Leben nach dem Tod? Kinder fragen – Forscherinnen und Forscher antworten, München 2017.

Albert Biesinger / Helga Kohler-Spiegel: Was macht Jesus in dem Brot? Wissen rund um Kirche, Glaube, Christentum. Kinder fragen – Forscherinnen und Forscher antworten, München 2013.

Albert Biesinger / Helga Kohler-Spiegel: Gibt's Gott? Die großen Themen der Religion. Kinder fragen – Forscherinnen und Forscher antworten, München 2007.

Albert Biesinger / Helga Kohler-Spiegel / Simone Hiller: Warum haben wir sonntags frei? Wissen rund um religiöse Feste. Kinder fragen – Forscherinnen und Forscher antworten, München 2018.

Albert Biesinger / Helga Kohler-Spiegel / Simone Hiller: Warum dürfen Adam und Eva keine Äpfel essen? Kinderfragen zur Bibel – Forscherinnen und Forscher antworten, München 2014.

Albert Biesinger und Sarah (unter der Mitarbeit von Marlene Fritsch): Meine Kinderbibel für Sonnenschein und Regentage, Ostfildern 2017.

Albert Biesinger und Sarah (unter der Mitarbeit von Marlene Fritsch): Meine Erstkommunionbibel, Ostfildern 2017.

Thomas Gordon: Familienkonferenz. Die Lösung von Konflikten zwischen Eltern und Kind, München 2007.

Christoph Morgenthaler: Rituale. Warum und wie sie Familien stärken, Tübingen 2005.

Rainer Oberthür: Die Seele ist eine Sonne. Was Kinder über Gott und die Welt wissen, München 2006.

Jan-Uwe Rogge: *Das neue* Kinder brauchen Grenzen, Reinbek bei Hamburg 2008.

Friedrich Schweitzer: Das Recht des Kindes auf Religion. Ermutigungen für Eltern und Erzieher, Gütersloh 2005.

Anmerkungen

1   Vgl. Albert Biesinger / Gerhard Braun: Gott in Farben sehen. Die symbolische und religiöse Bedeutung der Farben, München 1995.

2   Vgl. auch Albert Biesinger / Gunther Klosinski: Zweifel an Gott. Kleines agnostisches Kompendium, Freiburg 2017.

3   Albert Biesinger: Kinder nicht um Gott betrügen. Warum religiöse Erziehung so wichtig ist, 16. Aufl. Freiburg 2019.

4   »Die 72-Stunden-Aktion ist eine Sozialaktion des Bundes der Deutschen Katholischen Jugend (BDKJ) und seiner Verbände. In 72 Stunden werden dabei in ganz Deutschland Projekte umgesetzt, die »die Welt ein Stückchen besser machen«. Die Projekte greifen politische und gesellschaftliche Themen auf, sind lebensweltorientiert und geben dem Glauben ›Hand und Fuß‹« (https://www.72stunden.de).

5   Karl Frielingsdorf: Dämonische Gottesbilder. Ihre Entstehung, Entlarvung und Überwindung, München 2001.

6   Beispielsweise Albert Biesinger und Sarah, unter der Mitarbeit von Marlene Fritsch: Meine Kinderbibel für Sonnenschein und Regentage, Ostfildern 2017; von denselben Autoren: Meine Erstkommunionbibel, Ostfildern 2017; Hinweis: Bei diesen beiden Bibeln sind die meisten Texte identisch, bei der Erstkommunionbibel speziell um das Thema Erstkommunion erweitert.

7   Beispielsweise Albert Biesinger / Helga Kohler-Spiegel / Simone Hiller: Warum haben wir sonntags frei? Wissen rund um religiöse Feste, München 2018, sowie weitere Bücher aus der Reihe »Kinder fragen – Forscherinnen und Forscher antworten«.

8   Thomas Gordon: Familienkonferenz. Die Lösung von Konflikten zwischen Eltern und Kind, München 2012.

9   Bodenmann, G. / Meyer, J. / Ledermann, T. / Binz, G. / Brunner, L.: Partnerschaftszufriedenheit in Abhängigkeit der Ehedauer, in: Schweizerische Zeitschrift für Soziologie, 31 (2/2005), S. 343–362; vgl. auch: Bodenmann, G. / Kessler, M.: Präventionsprogramme für Paare – Methoden und Wirksamkeit, in: Familiendynamik, 36 (4/2011), S. 346–355.

10   Arránz Becker, O. / Rüssmann, K. / Hill, P. B.: Wahrnehmung und Be-
     wältigung von Konflikten und die Stabilität von Partnerschaften, in:
     Zeitschrift für Familienforschung, 17 (3/2005), S. 251–278.
11   Ebd.
12   Ebd.
13   Ebd.
14   Vgl. Albert Biesinger / Herbert Bendel / Barbara Berger / David Biesinger /
     Jörn Hauf: Gott mit neuen Augen sehen. Wege zur Erstkommunion.
     Familienbuch, München 2017; und: Albert Biesinger / Herbert Bendel /
     Barbara Berger / David Biesinger / Jörn Hauf: Gott mit neuen Augen
     sehen. Wege zur Erstkommunion. Für die Kindertreffen – Leitfaden,
     München 2017.
15   Vgl. Albert Biesinger und Sarah: Meine Kinderbibel für Sonnenschein
     und Regentage, Ostfildern 2017.
16   Luis Zambrano: Viejas Raices. Alte Wurzeln, Selbstverlag, 3. Auflage
     2001, S. 76.
17   Elie Wiesel: Macht Gebete aus meinen Geschichten, Freiburg 1986,
     S. 33f.
18   Das Neue Testament, übersetzt von Fridolin Stier, hg. von Eleonore
     Beck, München 1989.
19   Albert Biesinger / Gerhard Braun: Gott in Farben sehen. Die symboli-
     sche und religiöse Bedeutung der Farben, München 1995.
20   Vgl. Ruth Tschudy: Korak. Eine alte Patchwork-Technik, Grünstadt
     2003.